이지상, 사람을 노래하다

이지상, 사람을 노래하다

2010년 3월 17일 초판 1쇄 펴냄
2016년 6월 20일 초판 3쇄 펴냄

펴낸곳 (주)도서출판 삼인

지은이 이지상
펴낸이 신길순

등록 1996.9.16. 제 10-1338호
주소 03716 서울시 서대문구 성산로 312 북산빌딩 1층
전화 (02) 322-1845
팩스 (02) 322-1846
전자우편 saminbooks@naver.com
홈페이지 www.saminbooks.com

표지디자인 (주)끄레어소시에이츠
제판 문형사
인쇄 대정인쇄
제책 은정제책

글·사진 ⓒ 이지상, 2010

ISBN 978-89-6436-008-8 03810

값 12,000원

이지상 지음

이지상 사람을 노래하다

삼인

••• 책을 내면서

기다림은 희망의 다른 이름입니다

　가나의 수도 아크라에는 북쪽으로 볼타 호수가 있고 그 옆엔 아코솜보라는 마을이 있습니다.
　거기 사는 사람들에겐 생활의 철칙이 몇 가지가 있는데 그중 가장 중요하게 치는 것이 잘 참는 것입니다. 사소한 일에 불평을 하거나 짜증을 내는 사람들을 천민 취급하는 동네이니 어쩌다 버럭 하고 성질 한 번 내면 그건 그 동네에서 살지 않겠다는 선포나 다름없습니다.
　이명석 선교사는 아코솜보에서 컴퓨터 학교를 운영하고 있습니다. 그가 처음 그곳에 가서 학교를 지을 때의 경험담을 들은 적이 있습니다. 건축 공사 현장에서 가장 필요한 기계 하나를 그 마을의 노인이 빌려갔다고 합니다. 열흘이 지나고 한 달이 지나도 노인은 기계를 돌려줄 마음도 먹지 않는 듯했고 공사의 진척에도 영향을 미쳐 은근히 부아가 일었지만 그는 꾹 참기로 했습니다. 꼬박 6개월이 지나고 학교 건물이 어느 정도 들어섰을 때 그 노인이 다시 공사장을 찾았는데 그제야 빌린 기계를 돌려주며 "허허허, 당신도 꽤 오래 참는 사람이구먼." 했답니다. 이상하게도 학교 공사장 근처엔 얼씬대지도 않았던 아이들이 그 이후 활개 치듯 뛰어다녔고 이웃들의 태도도 더욱 살가워졌습니다. 6개월 동안의 인내가 이명석 선교사를 낯선 이방인에서 존경받는 교육자로 만들어주었습니다.

인내는 기다림을 수단으로 삼습니다. 잘 참는 사람은 많이 기다릴 줄 아는 사람이란 뜻입니다. 기다림이란 단어의 의미는 '무언가를 갈망하는 순간부터 그것이 이루어지기까지의 모든 시간 혹은 행위'입니다. 그러니 wait가 아니라 hope가 맞습니다. 갈망이 현실이 되어 더 이상 바랄 필요가 없을 때가 기다림의 끝입니다. 그러므로 이 땅에 발 딛고 희망하며 사는 사람들은 모두 기다리는 사람들입니다.

비주류 10년. 이젠 그 말이 두렵지 않습니다.
내 노래를 품어주는 당신이 비주류라면
나 또한 언제나 그러할 것이기 때문입니다.

— 3집 《위로하다 위로받다》 프롤로그에서

꼬박 스무 해를 비주류 음악인으로 살았고 그중에 열두 해는 노래하는 사람이었습니다. 부지런히 살지는 못했지만 딱히 게으르지도 않았습니다. 민주주의를 갈망하는 순간부터 나는 그것을 기다리는 사람이었습니다. 평화를 갈망하는 순간부터는 다시 그것을 기다리는 사람입니다. 내가 만들고 부르고 또 좋아했던 노래들은 대부분 나와 같은 삶을 사는 비주류 인생들을 배경으로 하고 있습니다. 독재에 민주를 뺏기고 자본의 억압에 삶의 터전을 뺏기고 거짓 학자와 언론의 놀음에 사상과 역사를 빼앗긴 사람들, 나는 그 많은 사람들 중 하나이고 여기에 싣는 글들은 그동안 발표했던 음반과 더불어 내가 희망하는 세상을 꿈꾸는 기다림의 방식입니다.

이 책은 2009년 한 해 주간 『시민사회신문』에 연재했던 '이지상의 사람이 사는 마을' 원고를 토대로, 『좋은생각』, 『푸른작가』, 『함께걸음』 등의 잡지와 인터넷 신문 『오마이뉴스』, 『뉴스앤조이』, 그리고 인권연대 웹진 『사람소리』, 웹진 『문장』에 기고했던 글들을 모으고 다듬은 것입니다. 각 장마다 원고가 수록된 날짜와 매체를 표기해야 했으나 시의성 문제와 글 자체의 부족함을 메우기 위한 개작이 많아 따로 표시하지 않았음을 양해해주시기 바랍니다.

    서툰 글 솜씨 때문에 원고 마감이 다가오는 시간이면 언제나 그물에 걸린 물고기처럼 불안했고 새벽잠은 고사하고 곤한 아침잠까지도 반납해야 할 때가 많았습니다. 글을 한 편 쓰느니 차라리 노래 다섯 곡을 숙제로 받는 게 낫겠다 싶게 은근히 몰려와 쉬이 떨어지지 않는 치통을 앓는 듯한 시간이었지만 내가 사랑하는 것들에 대한 보다 구체적인 증거를 얻는 시간이기도 했습니다. 몇 번에 걸친 퇴고의 과정 이후부터는 글에 적어놓은 많은 말들을 나의 무딘 행동으로 어떻게 책임질 것인가라는 질문에 해답을 영영 찾지 못할 것 같아 두려운 날이 더 많아졌습니다.

실낱같이 위태로운 문장들을 추천사로 격려해주신 정희성, 홍세화 선생님, 준비된 원고 하나 없이 무작정 책을 내겠다고 달려들었을 때 묵묵히 백지수표 같은 계약서를 내밀어주신 삼인의 홍승권 부사장님, 나보다 더 많이 원고를 읽어주신 김종진 편집자님, 우리 집 가훈인 "어떻게든 되겠지"가 가진 것 없는 이들이 가질 수 있는 가장 큰 기다림의 낙관이라는 해석에 동의하며 묵묵히 동행해주는 아내와 두 딸 새봄, 슬, 더 좋은 음악 만들어내라며 느린 걸음 재촉하는 오랜 음악의 벗들, 10년 넘게 나의 노래를 함께해준 '사람이 사는 마을' 주민들, 또 이 책을 통해 만나게 될 독자님들께 감사드립니다.

그리고 올해 여든여섯 되시는 어머니. 우리 시대의 삶이 가나의 아코솜보와 같다면 어머니는 가장 추앙받는 어른이십니다. 사랑합니다.

잔설이 녹는 얼음장, 그 위로 다시 봄눈 내리는 미산 계곡의 포근함처럼 살고 싶습니다.

2010년 연희동 옥탑방에서
이지상

차례

책을 내면서 5

1부 _ 사람의 중심은 아픈 곳입니다

노래는 삶에 대한 경외의 산물입니다 15 | 새벽을 이고 아침으로 떠나는 26 | 춤의 왕이다, 저 익숙한 선율은 33 | 어지러운 봄날 한나절 서울 여행기 39 | 욕망의 사회와 홍등가의 여인들 48 | 적당한 갈망, 지나친 낙관 54 | 꽃과 밥 62 | 총각김치 담그다 무욕의 흔적을 보았네 69 | 첫 잔의 전율 76 | 우리 동네 엽전들 이야기 85 | 나도 그처럼 할 수 있을까 92 | 달콤한 꿈, 꼭 이루어야 할 99 | 버스 정류장에 서 있으마. 첫차는 마음보다 일찍 오니 107 | 꽃 피우다 날 저물지라도 116 | 사람의 중심은 아픈 곳입니다 122

2부 _ 우리는 사람이 사는 마을로 간다

가장 높은 곳에 있는 가장 낮은 사람 133 | 4대강, 기어이 저지르고 만 140 | 아옌데와 노무현 149 | 김홍일, 나는 그가 더 슬펐다 162 | 나 대신 매 맞아 아픈 이가 있다 174 | 그들은 무엇으로 사는가 182 | 추억의 노래 속에 숨겨진 과거 192 | 첫사랑 199 | 혁명의 무덤가에 피어나는 노래 207 | 서약은 강요하는 것이 아니다 214 | 총탄은 아이와 군인을 구별하지 못하네 220 | 돈과 사람의 목숨을 바꾸는 미련한 세상 227 | 우리는 사람이 사는 마을로 간다 235

사람의 중심은 아픈 곳입니다

노래는 삶에 대한 경외의 산물입니다

김중미의 소설 『거대한 뿌리』를 읽습니다. 몇 페이지 못 가 등장하는 낯익은 이름들. '보산리', '동두천 중앙시장', 지금은 사라진 '어수동역'. 소설 속 인물들의 표정을 따라 한 뜸 한 뜸 책장을 넘기다 보니 어느새 나도 30여 년의 긴 시간을 되돌려 동두천의 한 거리에 와 있는 듯합니다. 미국으로 입양 가는 게 소원이었던 초등학생 임경숙이나, 보산리 기지촌의 포주집 딸 해자, 해자네 집에서 제일 나이가 많지만 "꿈이 양갈보는 아니었다."고 넋두리하는 미자 언니, 동광극장 옆 산파집에서 제이콥을 낳은 주인공의 육촌언니 윤희나, "튀기 만들기 싫어 결혼하지 않는다."는 주인공의 첫사랑 백인 혼혈 재민이.

나는 이들을 잘 압니다. 어릴 적 내 어머니는 동두천 광암리에서 '왕뱅이 고개'를 넘어 포천으로 시집오실 때의 기억을 자장가처럼 들려주시곤 했습니다. 만석까지는 안 되더라도 제법 넉넉했던 외가댁의 살림 얘기며 미군 2사단 사격장 안쪽의 넓은 밭에서 자란 여린 목화를 씹는 달콤함이며, 외삼촌이 그 땅을 빼앗기고 미군부대 세탁소에서 일을 하게 된 얘기를 들으면서 잠이 든 날이 한 서너 해쯤은 될 듯싶습니다.

외숙모는 외삼촌이 미군부대 내 세탁소 일을 하면서 가져온 옷들을 수선하는 세탁소를 운영하셨고 그렇게 모은 돈으로 속칭 '양색시'들에게 하숙을 치셨습니다. 나는 동갑내기 사촌과 죽이 잘 맞아 여름 겨울 할 것 없이 주로 그곳에서 방학을 보냈는데 얼추 학년이 높아지면서는 외갓집 옆에 바짝 붙어 있는 외국인 전용 클럽 '보난자'의 여자화장실을 훔쳐보거나 집에 세든 양색시 누나들의 밤을 궁금해하기도 했을 겁니다.

1992년 가을. 윤금이, 그리고 보산리 누이들

── 그때도 가을이었습니다. 궁핍한 사람들이 겨울나기를 걱정하며 바쁜 걸음을 재촉하던 1992년 10월의 하순, 갑자기 날아온 먼 친척의 부고장처럼 일간지 구석에 가지런히 적힌 이름 윤금이. 그녀의 상처 깊은 죽음이 세상에 알려진 날입니다.

1966년생 전라도 정읍이 고향인 그녀가 왜 고향과 그토록 멀리 떨어진 동두천 보산동의 허름한 하숙집에서 숨을 거두어야 했는지를 물으며 많이 아팠었습니다. 윤금이는 케네스 마클이라는, 그녀를 죽인 미군 병사의 술 취한 조롱, 그녀의 몸을 찔러댄 우산대나 콜라병보다 더 끔찍한 아픔을 이미 그녀를 학대했던 세상으로부터 받아 삼켰던 것이 확실했습니다.

빈농의 집안에서 태어나 초등학교를 갓 마치고 취직한 구로공단이나 청계천, 성수동 방직공장, 커피 값도 못되는 일당에 갖은 잔병에 시달리다 때로는 사창가에 몸을 의지하기도 했던 그 시대 우리 누이들의 고단한 행적을 생각하면 윤금이의 삶이 얼마나 힘들었는지 짐작할 수 있습니다.

독약 같은 세상의 아픔을 토해내는 그녀들의 신음 소리가, 사랑의 상대를 찾아 헤매는 보산리의 저녁에도, 내가 어릴 적 치기로 훔친 양색시 누이들의 밤에도 있었다는 것이 두려웠습니다. 그해 가을 윤금이의 상처 깊은 죽음은 내 유년기 동두천에 대한 기억과 추운 자취방의 몇 날을 거쳐 울림이 작은 노래가 되었습니다.

    좁다란 골목 뒤 계단에 늦은 별빛이 떨어지면
    그 고운 두 눈 입술 위에 화장을 드리우고
    누구에게 배워본 적 하나 없는 낯선 이방의 말 읊조리며
    누굴 찾아 집을 나서니 가로등 너머 이방의 땅
    무슨 잘못이 네게 있어 그 슬픔 모두 남겨두고
    무슨 잘못이 네게 있어 그렇게 아프게 떠나갔니

보산리 그 겨울에 남겨둔 상처가 너무 많아

그 추운 겨울 지나 봄을 찾아 떠나갔니

너 떠나간 이 빈 거리에 늦은 별빛이 떨어지면

지워져도 잊을 수 없는 우리들 슬픈 그림자

─〈보산리 그 겨울〉, 이지상 작사·작곡

세상 속에 노래가, 예술이 있다

　　　　　　　　＿때로 예술가란 존재는, 뱀 같은 동물처럼 다른 곳을 볼 줄 모르는 고집이 있어야 하고, 자신의 작품에는 베짱이처럼 관대하며 자존(自存)을 지키기 위해선 외나무다리의 염소처럼 싸울 줄 알아야 합니다. 모든 사회가 그러한 것은 아니지만 일반적으로 예술가들의 존재를 특별하다고 여기는 것은 그들이 품고 있는 세상에 대한 인식과 고민의 폭이 남달리 넓다는 것을 용인하기 때문입니다. 게릴라와도 같은 위험한 상상을 통한 예술가들의 위대한 소통 능력은 한 시대의 환부를 꿰매기도, 해부하기도 하며 막강한 대중적 지지를 토대로 사회를 진보의 단상 위로 끌어올리기도 합니다.

　진보의 역사 위에는 늘 그 시대를 대표할 만한 예술가와 작품이 있었다는 사실이 이를 증명합니다. 그러므로 진정한 예술가의 고집이나 자존은 세상으로부터의 단절과 독립된 자기 확신에서가 아니라 세상과의 불화 속에서도 적극적인 치유의 방식을 찾아 나서는 순례자의 고통 속에서 나와야 합니다. 예술가의 예지적 능력 또한 스스로 만들어내는 상상력보다 사회와의 관계로부터 부여받는 것이 당연하다고 생각합니다.

삶에 대한 경외와 노래가 만날 때

누군가 "험난한 노래의 길"이란 표현을 했습니다. 이는 사랑이든 이별이든 그 어떤 추상명사이든 개인의 사소한 감정을 말하기보다 사회적 관계 속에서 마주하는 보편적 정서를 끌어내기 위한 고민이 담긴 표현입니다. 이러한 고민 속에서의 사랑은 삶의 저변에 깔려 있는 수많은 사람들의 고통을 들춰내고 또 그 고통과 연대하며 결국은 그 고통을 넘어서고자 하는 가장 아름다운 투쟁의 모습일 수도 있습니다.

나는 이 '험난한 노래의 길'을 찾는 과정을 '삶에 대한 경외'라고 얘기합니다. '험난한 노래의 길' 속에서 만나는 고통과 희열, 분노와 사랑의 에너지를 오선지 속의 선율로, 가슴속 깊은 폐부의 음성으로 토해내는 창작자가 있습니다. '험난한 삶의 길'에서 창작자와 같은 개인적·사회적 경험을 공유하고자, 노래를 찾는 수용자가 있습니다. '삶에 대한 경외'라는 말은 이 둘에게 함께 적용되며 음악적으로 가장 이상적인 이 둘의 만남 사이에는 눈물이라는 감동의 최고치가 경계에 놓이게 되는 겁니다.

김중미의 『거대한 뿌리』를 읽으면서 내 기억의 조각들을 훑고 지나가는 문장마다 쏟아냈던 감동이나 윤금이 씨 추모제 때 들려줬던 〈보산리 그 겨울〉에 손수건을 적셨다고 하던 어느 한 여성 운동가의 눈물은 한 시대를 아파한다는 동일한 경험 속에서 만난 '삶에 대한 경외'의 산물이겠지요.

레지스탕스와 반체제 활동으로 구금과 석방, 그리고 정치적 망명까지 해야 했던 그리스 최고의 음악가 미키스 테오도라키스나 민중의 한과 슬픔, 분노를 노래하는 과정에서 사랑하는 남편을 잃고 망명까지 해야 했던 아르헨티나 민중의 목소리 메르세데스 소사, 미국의 지원 아래 이뤄진 군부 쿠데타 시기에 오직 노래했다는 이유로 손목이 부러진 채 숨진 칠레의 혁명가수 빅토르 하라의 음악이 그 당시에는 물론 여전히 새로운 세상을 꿈꾸는 이들의 희망이 되는 이유도 여기 있으리라 여겨집니다.

감동과 울림이 있는 노래

___ 그러나 사람들이 진정으로 노래를 통해 감동받는 일은 많지 않은 것 같습니다. 내가 출강 중인 성공회 대학교의 '노래로 보는 한국사회'라는 과목에서 '노래 듣고 울어보기'란 과제를 내주면 학생들은 무척 생소해합니다. 문자나 영상매체에 비교할 때 노래라는 장르가 갖는 시간적·공간적 한계는 우선 차치합시다. 듣고 떠올

릴 만한 메시지가 부재해서 노래방에 가야만 노랫말을 확인할 수 있는 요즘의 음악, 그리고 춤, 비트, 가수의 현란한 모습 등 노래 외적인 요소들이 경쟁의 주요 쟁점이 된 가요의 현주소를 생각하면 노래를 듣고 울어본 경험을 적어 내라는 과제는 좀 과하다는 생각을 하게 됩니다.

하지만 내겐 한때 사랑의 기준이었던, 그 사람을 생각하면 설렘이었고 눈물이었던, 비슷한 선율만 흘러도 지금 역시 가슴 두근거리는 〈April〉(딥 퍼플 노래)이 있었습니다. 많은 젊은이들이 죽어간 1991년 분신 정국의 거리에선 눈물보다 더 진한 분노를 토해냈던 〈그날이 오면〉(노래를 찾는 사람들 노래)이 있었구요. 요즘은 "넌 눈물이 있으니 참 좋겠다. 눈물 보일 수 없는 난 어쩌겠니."라는 가사가 있는 〈가을이 빨간 이유〉(김원중 노래) 같은 노래를 부르며 눈시울을 붉힐 수 있습니다. 그렇기에 나로서는 노래 한 줄이 가지는 해원(解怨)의 힘이 얼마나 의미 있는가와 그 힘이 나 자신을 구성해나가는 가장 중요한 요소 중 하나라는 사실을 학생들에게 주지시키는 일이 어려운 일은 아닙니다.

'일본군 위안부' 할머니들이 모여 사시는 나눔의 집에서 부른 〈사이판에 가면〉, 『친일문학론』 저자 고 임종국 선생의 묘소 앞에서 부른 〈살아남은 자의 슬픔〉, 일본 도쿄의 에다가와 조선학교(도쿄도지사 이시하라의 부당한 불법 점유 소송으로 폐교의 위기에 처한 민족학교) 운동장에서 학생들과 함께 부른 〈아이들아 이것이 우리 학교다〉……. 이 노래들이 그 속에 담긴 '삶에 대한 경외'로서의 눈물에 애써 담담해지려

__민들레처럼
노래는 세상과의 불화를 통해 끊임없이 자신을 단련시켜나가는 꿈꾸는 사람들의 것,
그리고 조화로운 세상을 위해 자신의 숨결을 조심스럽게 토해내는 것.

눈을 감았던 화자, 그리고 눈을 감고 노래하는 무대를 외면하듯 고개를 숙였던 청자의 숙연함에 녹아 '험난한 노래의 길'에 가장 찬란한 화답으로 다시 태어났던 일을 나는 잊지 못합니다.

매체 독점 시대 우리 음악의 풍경

사람들이 노래에 대한 정보를 얻는 경로는 대개 단순합니다. 라디오나 텔레비전의 음악 프로그램, 또는 유명 포털 사이트가 고작입니다. 음악 전문잡지나 음악 웹진 등에서 정보를 얻는 사람들도 있지만 이는 소수 마니아층에 불과합니다. 그러나 노래를 수용할 수 있는 매체가 한정적임에도 불구하고 사람들은 자신이 좋아하는 음악을 자신이 선택한다고 믿고 있습니다.

예전에는 라디오에서 신중현의 〈아름다운 강산〉이나 앨런 파슨스 프로젝트의 〈Ammonia Avenue〉 같은 대곡들을 들을 수 있었지만 지금 8분대의 대곡을 들고 방송국에 찾아가는 사람은 없습니다. 정해진 시간에 러닝타임이 짧은 노래들을 더 많이 방송에 내보내 가요 시장의 영향력을 유지하겠다는 방송의 상업성이 3~4분대의 일반적인 노래에 비해 두 배의 노력이 필요한 창작자의 음악성을 누른 지 오래이기 때문입니다.

음악 전문 케이블 TV에 주도권을 빼앗긴 공중파 방송국들은 있던 음악 프로그램도 축소하면서 노래하는 사람들을 토크쇼에서 말 잘하는 재담꾼으로 만들어 시청률을 보장받습니다. 노래는 그나마 토크쇼의 말미에 들리는 듯 마는 듯 현란한 뮤직비디오로 대신합니다. 어쩌다 보는 음악 전문 케이블 TV는 대부분 엄청난 제작비를 들인 뮤직비디오나 과감한 댄스 경연 같은 선정적 프로그램으로 시청자들의 채널 고정에만 안간힘을 씁니다. 이미 '돈이 되는' 일에만 몰두해 있는 매체를 정보의 원천으로 삼는 사람들의 음악 선택은 역시 한정적일 수밖에 없습니다.

사라지는 것은 음악이 아닌 음악 산업

선택은 여러 개의 것 중에서 자신에게 필요한 것을 집어내는 일입니다. 상업적으로도 한계치에 다가가고 있는 매체가 제공하는 한정된 정보 중에서 몇몇을 택했다고 해서 그것이 진정한 스스로의 선택이라고 말할 수는 없습니다. 그나마 인터넷은 TV와 라디오에서 버렸던 노래의 영역들까지 포함하고 있어 다양한 음악을 들을 수 있지만 웹에서의 음악 산책이 몇몇의 포털을 통해서만 이뤄진다면 기성 매체를 통한 선택과 다를 바가 없는 것도 같은 이치입니다.

인터넷 P2P 사이트에서 돈을 지불하지 않고 음악을 다운받는 게 창작자의 의욕을 꺾고 음악을 고사시키는 행위라고들 합니다. 그러나 '삶에 대한 경외'를 품은 창작자의 욕구는 시들지 않을 것이라 여겨집니다. 예술가의 고집과 자존은 시대와 사회적 관계로부터 부여받는 것이지 단 돈 몇 푼에 의해서 만들어지는 것이 아니라고 생각하기 때문입니다.

그러므로 엄밀히 말하면 음악 산업이 고사하는 것이지 음악 자체가 고사하는 것은 아닙니다. 상업적 영역으로부터 눈을 떼게 되면 그 전에 알았던 노래보다 더 많은 노래의 선율이 역동성 있게 움직이고 있다는 사실을 알게 됩니다.

외로움은 꼭 그만큼의 사랑함에서 나옵니다. 많은 것을 사랑하게 되면 그 많은 것만큼 외로워집니다. 그러나 그 외로움이 두려워 사랑하는 일을 포기하는 사람은 없습니다. 가을 저녁 내장을 훑고 지나가는 소주 한 잔의 전율 같은 삶의 긴장감이 그 외로움을 덮어줄 수 있습니다. 길고 긴 기다림이 결국은 희망이었다는 사실을 깨달을 때쯤이면 메마른 가슴을 눈물로 덮어줄 노래가 생기게 될 것입니다. 기다림이란 부정을 희망이란 긍정으로 전화시킬 수 있는 능력은 최선의 발자국으로 이 가을을 걸어가는 사람들이 소유할 수 있는 '경외(敬畏)로운' 선물이기 때문입니다.

새벽을 이고 아침으로 떠나는

폐지 줍는 노인

　　　　　　　　＿ 나는 새벽의 상상력이 좋습니다. 하루의 일과를 곱씹어보거나 그리운 이름을 떠올려보거나, 혹은 책을 읽거나 악보를 끼적일 때 새벽의 고요가 가져다주는 마음속의 풍경은 마치 도화지 같아서 나는 늘 새벽의 풍요 위에 상상의 그림을 그리곤 했습니다. 간혹 여명을 창으로 불러 함께 아침을 맞이하기도 하는데 그때는 농익은 살구, 새벽 비 맞아 떨어지듯 현관을 '툭' 치고 바삐 돌아서는 신문 배달부의 부지런한 생산력에 감사하거나, 우는 듯, 혹은 웃는 듯 새벽 골목을 헤매며 폐지 줍는 사람들의 손수레 끄는 소리를 리듬처럼 듣고 난 후일 겁니다. 지금까지 내 부족한 창작물은 새벽의 고요가 부화시킨 어린 생명과 같은 것이므로 새벽은 나에겐 중요한 생산 수단이기도

한 셈입니다.

밤새 침침해진 눈을 식히려 집 밖으로 나서면 차가운 새벽바람을 타고 하루 일과를 시작하는 사람들이 간간이 보입니다. 부지런한 학생은 벌써 자전거를 타고 내 앞을 휑하니 지나가고 새벽잠 설친 여인은 어깨에 걸친 핸드백을 들썩이며 버스 정류장으로 향합니다. 길가에서 채소를 파는 할머니 손엔 경동시장에서 물건을 떼어 담을 큰 보자기 뭉치가 들려 있고 인력시장으로 가는 초췌한 노동자는 공구 가방을 들고 있습니다. 전날 막차를 나와 같이 타고 온 아주머니는 어제처럼 무표정한 얼굴로 정류장에 서 있습니다.

생각보다 일찍 오는 막차를 놓치지 않았으니 마음보다 앞서 가는 첫차도 놓치지 않으리라(정태춘의 〈다시 첫차를 기다리며〉) 다짐하듯 하루라는 생의 끈을 붙잡고 어둠 걷히는 새벽을 열어 초록 봄날의 언덕으로 향하는 우리 민초들의 초상이 거기에 있습니다. 경건한 의식을 치루는 듯 아직 오지 않는 첫차를 기다리는 사람들의 버스 정류장을 지나면서는 아직도 새날을 준비하지 못하고 다시 잠들어야 하는 내 게으름을 탓하지 않을 수 없습니다.

어둠이 채 가시기 전 가로등 불빛이 닿지 않는 골목 안쪽에서 그분을 만났습니다. 흩어져 있는 지난밤의 흔적을 가지런히 정리하듯 청소부가 남기고 간 빈 박스와 폐지를 담고 있는 노인입니다. 리어카에는 읽다 만 듯한 구겨진 신문지와 대형마트 광고지가 차곡차곡 쌓여

_폐지 줍는 노인

있습니다. 고장 난 컴퓨터 모니터도 한 대, 그리고 애들이 버린 학습지와 책 몇 권은 따로 쌓아두었습니다. 아마도 함께 사는 손자에게 보여줄 심산인가 봅니다. 가로등의 흐린 조명은 겨우 손수레의 반쯤을 비추고 있고 노인은 골목 안쪽으로 사라졌다가 이내 한 아름의 폐지를 안고 돌아옵니다. 널찍한 리어카에 수북이 폐지가 쌓인 걸 보면 노인은 새벽이 오기도 전에 일을 시작하신 듯합니다.

> 당신이 끄는 손수레엔 새벽이 가득 실려 있고,
> 그 안엔 빈 병과 폐지와 먹다 남은 피자도 있고
> 당신은 우는 듯 어두운 골목길 서성이다,
> 당신은 웃는 듯 새벽을 향해 걸어가다
> 간밤에 세상이 토한 추한 흔적들을 밟고 서서,
> 수척한 그 어깨 위로 세상의 아침을 주워 담고
> 세상의 한복판에서 길을 잃은 노인처럼,
> 두리번두리번거리다 또 폐지를 찾아 걸어가다
> 그랬어, 당신은 나의 고단한 새벽을 깨우는
> 그랬어, 당신은 나의 지친 일상을 뒤흔드는 사람
>
> ─〈폐지 줍는 노인〉, 이지상 작사·작곡

경제도 어려운데……

　　　　　　　　　__ 한때 국제 원유 가격이 배럴당 140달러 이상 치고 올라간 적이 있습니다. 각종 원자재 가격도 전년 대비 40퍼센트 이상 동반 상승하고, 이어 정부가 특별 관리한다던 서민 소비재 물가도 많게는 두 배 이상 뛰었습니다. 양복에 계란, 하다못해 돼지고기, 소주까지 서민 물가 관리 품목이라고 명시해놓은 것도 답답한 일이지만, 그나마도 관리가 되질 않으니 여간 살기 버거운 게 아닙니다. 소비자 물가 상승률이 6.7퍼센트라고 하면 잘 와 닿지 않지만 밀가루 한 포대 값이 1만 1000원에서 2만 3000원으로, 식용유 한 통이 2만 6000원에서 4만 원으로 올랐다고 하면 금방 체감할 수 있습니다.

　모든 것이 오르는 덕분에 폐지 값도 한때 킬로그램 당 140원에서 200원까지 치솟은 적이 있어서, 하루 종일 리어카로 몇 개쯤 고물상에 맡기면 많게는 2만 원 정도의 수입을 얻을 수 있었지만 지금은 그것도 약 4분의 1 가격으로 급락했습니다. 대통령께서는 진짜 서민들을 이따금씩 만나면서 정부 정책의 기본은 "서민이 잘사는 나라"라고 설파합니다. 그러나 그 말은 하루도 지나지 않아 법인세율 완화, 출자총액제도 폐지, 고소득자 소득세, 종부세 완화 등 친재벌적·친부유층적 정책들만 현실화됨으로써 모두 가짜임이 탄로 나곤 했습니다. 굳이 무신불립(無信不立)*이라는 공자님의 말씀을 떠올리지 않더라도 말씀만 하면 그 반대로 가는 신뢰할 수 없는 언사들 때문에 서민들은 점점 가는귀를 먹어가고 있습니다.

　　기초생활보호 대상자 160만 명, 절대빈곤층이 전체 인구의 14.8퍼센트(700만 명)나 되지만 정부는 2009년 초만 해도 기초생활보장 예산은 1289억 원, 장애인 수당은 413억 원이나 깎았습니다. 어디 있는지도 모르는 아들 때문에 기초생활 수급자 명단에서 제외된 78세의 할머니도, 전기 값이 아까워 형광등 불빛도 켜지 못하는 소녀가장도, 시의 사회복지 예산 삭감으로 문을 닫은 공부방을 어슬렁거리는 어린 아이도 정부에 대한 원망이 가득한데 대통령은 그저 "잘 되고 있다, 희망을 가져달라."는 주문만 늘어놓습니다. "경제도 어려운데 무슨……."이라는 무차별적 언어폭력 앞에 국민으로서의 정당한 요구는 묵살당하기 십상입니다.

새벽을 이고 아침으로 떠나는　　＿＿노인이 주워 담은 저 새벽의 노동이 얼마의 가치가 있을까를 생각합니다. 쌀 한 포대는 고사하고 라면 한 묶음, 양파 한 단 정도 사면 맞아떨어질 것 같은 노동의 분량이지만, 노인의 발걸음은 골목 안 라일락 향기가 가장 짙은 집 대문에서 잠시 머물다 리어카와 함께 사라지고, 어둠을 빠져나가는 리어카의 빈자리는 뒤늦은 아침햇살이 채웁니다.

　　오체투지의 간절한 기도로 라싸(Lasa)의 언덕을 오르는 티베트의 순례자로 인해 세계의 평화가 존재한다고 믿는 것처럼 새벽의 어둠을 켜켜이 쌓아 싣고 가는 노인의 손수레로 인해 골목에 아침이 온다는 것도 믿을 수 있습니다. 새벽을 이고 아침으로 떠나는 노인의 거친 이마에 맺힌 땀방울, 그 속에 비친 여명의 영롱함을 한 편의 시구절로 담지 않는다면 인간의 노동을 표현하는 가장 아름다운 언어는 없는 것입니다.

| **무신불립**(無信不立) _신뢰가 없으면 바로 서지 못한다 |

子貢問政. 子曰, "足食, 足兵, 民信之矣." 子貢曰, "必不得已而去, 於斯三者何先?"
曰, "去兵." 子貢曰, "必不得已而去, 於斯二者何先?" 曰, "去食. 自古皆有死, 民無信不立."

자공이 정치가 무엇이냐고 스승에게 물었다.
스승은 "군사력, 경제, 백성의 신뢰"라고 대답했다.
"그중 부득이 하나를 버리라면 무엇을 택해야 합니까?" 자공이 물었다
"군사력을 버려라." 스승이 대답했다
"그 다음 또 하나를 버려야 한다면 무엇을 택해야 합니까?" 자공이 또 물었다.
"경제를 버려라." 스승이 대답했다.
"백성의 신뢰가 없으면 정부는 제대로 설 수 없나니……."

— 『논어(論語)』의 「안연편(顏淵篇)」에서

춤의 왕이다, 저 익숙한 선율은

"해체 민자당! 타도 노태우!"를 외쳤던 1991년 5월의 어느 날 저녁, 나는 을지로 인쇄골목에 있는 포장마차에서 소주를 마시고 있었습니다. 종로에서 모이기 시작한 시위대는 눈덩이처럼 불어나 종로는 물론 청계천 을지로까지 진출하였고 명지대 새내기 강경대를 죽인 원흉 노태우를 처단하라는 분노의 함성을 토해내고 있었습니다. 박승희가 죽고, 김영균과 천세용이 죽었습니다. 연이은 분신의 행렬에 격분한 많은 청년들이 얕은 충격에도 곧 터질 것 같은 뇌관이 되어 거리로 쏟아져 나왔습니다. 종로에서 백골단의 기세는 무척 무서웠습니다.

흰 헬멧과 청 카바로 상징되는 그들은 종로 한복판의 시위대를 낙원상가 쪽 골목으로 몰더니 지랄탄 자욱한 연기 속에서 강경대를 죽였던 몽둥이를 어린 여학생들의 머리에까지 휘둘렀습니다. 백골단에 쫓겨 막다른 골목의 담장을 몇 개쯤 넘은 나는 그때 처음으로 산동네 판자촌과 다를 바 없는 피맛골(YMCA 뒤편 상가 골목)의 안살림을 보았습니다. 그렇게 시위 본대와 합류하고 헤어지기를 반복하면서 신세계백화점과 대한극장을 지나 경찰의 검문을 피할 수 있는 가장 안전한 장소로 포장마차를 택했던 것입니다.

집으로 돌아오는 버스 안에서 뉴스를 들었습니다. 내가 마지막으로 시위대와 흩어졌던 대한극장 부근 골목에서 한 여학생이 호흡 곤란으로 숨졌다는 내용의 단신이었습니다.

"호흡 곤란은 무슨, 때려 죽였지. 나쁜 놈들." 나이 지긋한 한 시민의 장탄식에 그만 걷잡을 수 없는 눈물이 터졌습니다. 그날 매캐한 최루연기가 가시지 않은 버스 안에서 울음을 참으려 속으로 불렀던 노래가 있습니다.

"이 세상이 창조되던 그 아침에 나는 아버지와 함께 춤을 추었다. 내가 베들레헴에 태어날 때에도 하늘의 춤을 추었다."

버스가 빨리 달릴 때는 빨리 불렀지만 집 앞 골목을 눈앞에 두고는 가로등 아래 앉아 한없이 느리게 불렀습니다.

"높은 양반들 위해 춤을 추었을 때 그들 천하다 흉보고 비웃었지만 어부 위해서 춤을 추었을 때에는 날 따라 춤을 추었다. 안식일에도 쉬지 않고 춤췄더니 높고 거룩한 양반들 화를 내면서 나를 때리고 옷을 벗겨 매달았다. 십자가에 못 박았다."

비 내리는 5월. 성대 불문과 4학년생 김귀정은 내가 도망쳐 나온 서울 중심가 한복판의 후미진 골목에서 쓰러졌습니다. 백골단의 토끼몰이식 진압과 무차별적 폭력이 죽음의 원인이었음이 확실했지만 경찰과 언론은 도망치던 시위대에 의한 압사라고 발표했습니다.

그 이후 한동안 벚꽃 지는 저녁이면 그해 5월의 역사 속에 청춘을 묻었던 열사들의 이름을 생각하곤 했습니다. 꽃잎에 물든 그이들의 초상을 정의의 하느님이라 여기며 불렀던 〈춤의 왕(Lord of Dance)〉*을 떠올리곤 했습니다.

"높은 십자가에서 피를 흘리면서 춤을 계속해 추기란 힘이 들지만 끝내 땅속에 깊이 묻힌 이후에도 난 아직 계속 춤춘다."

화합과 평화의 4중주

___ 미국 대통령 버락 오바마의 취임식 열기는 뜨거웠습니다. 영하의 차가운 날씨임에도 워싱턴 D.C.에는 200만의 인파가 몰렸고 세계 각국의 정상들은 새 시대의 대통령 취임을 축하하기 바빴습니다. 미국이 임의로 테러지원국이라 지정한 쿠바나 이란 정상들의 메시지도 호의적이었던 걸 보면 막돼먹은 부시의 세계 최강 미국이 저질러놓은 전쟁과 경제 파탄의 상흔이 그나마 오바마로 인해 일정 부분 상쇄될 거라는 기대가 깔려 있는 듯했습니다.

전직 대통령들의 입장과 개회사, 릭 워렌 목사의 기도로 시작된 취임식은 소울의 여왕 아레사 프랭클린의 축가에 환호했고, 영원한 비주류라고 여겼던 미국의 흑인들이 감격하는 모습을 지켜보는 내 마음도 뜨거워졌습니다. 이자크 펄만과 요요마, 앤서니 맥길, 가브리엘라 몬테로가 등장하는 축하 연주는 연주자의 이름만으로도 가슴 설레기에 충분했습니다.

그들의 연주가 중반으로 치달을 즈음엔 어디선가 환청이 들리는 듯한 착각에 빠졌습니다. 주로 앤서니 맥길의 클라리넷과 요요마의 첼로가 그 환청을 주도했고 몬테로와 펄만이 대위적 선율로 감싸는 형식이었는데, 어느 순간 '아! 〈춤의 왕〉이다, 저 익숙한 선율.'

작곡가 존 윌리엄스는, 인디언과의 우호, 노예제도의 반대부터 전쟁 반대, 양심적 징병 거부를 종교적 신념으로 지녀온 셰이커교도들의 가스펠 〈춤의 왕〉을 오바마 정부 출범을 축하하는 노래로 선물했던 것입니다.

대학 시절 다니던 회당에서는 입도 뻥끗 못했고 몇 마디 부르면 무조건 운동권 취급당해야 했던, 불의의 땅에 오셔서 정의와 평화의 피로 세상을 구원하려 목숨을 던진 예수의 일생을 담은 노래, 이 땅의 젊은 예수인 전태일, 김경숙, 윤상원, 김귀정……, 그들의 고귀한 삶이 얽힌 그 노래가 나와는 다른 하느님이라고 여겼던 제국주의 미국의 성서 위에서 춤추고 있었습니다. 미국 대통령의 취임식이 있기 바로 전날 한국 기독교도들의 전폭적인 지원으로 당선된 이명박 정부는 용산에서 여섯 명의 무고한 인명을 불태워 죽였습니다.

너 죽을래? 그래 죽어

__2009년 1월 23일 서울역은 무척 추웠습니다. 촛불을 들고 있는 손끝이 얼고, 차가운 시멘트 바닥에서 올라오는 냉기는 정수리를 시큰하게 할 정도였습니다. 용산참사에서 희생된 다섯 분의 유가족들은 피 토하듯 울음을 삼켰고 대책위의 관계자들은 경찰의 무자비함을 성토했습니다. 누가 봐도 한번 죽어보라는 진압이었습니다. '죽으려고 망루에 올라갔으니 죽어.'라는 것이 국가 공권력의 입장이었습니다. 그렇지 않다면 고작 화염병으로 대항할 수밖에 없는 철거민들의 망루를 안전장치도 확보하지 않은 채 불태울 수는 없는 것입니다.

노동자의 생존을 위한 파업도, 삶의 터전을 지키기 위한 철거민의 투쟁도, 이 땅에서 벌어지는 어떤 싸움도 공권력이 개입될 여지가 있다면 목숨 걸지 않으면 안 되는 시대가 되었습니다.

온몸이 아릿하게 얼어오는 서울역 집회에서 시민들은 "독재 타도 이명박 퇴진."을 외쳤습니다. 〈춤의 왕〉, 그 평화의 언어가 정작 필요한 곳은 새 정부 출범으로 희망에 들떠 있는 미국이 아니라 이미 죽임의 땅에 발 딛고 서 있는 대한민국이 아닌가 싶었습니다. 또 다른 예수가 된 용산참사의 영혼이 우리에게 외치는 환청이 들려옵니다.

"어리석게도 그들 좋아 날뛰지만 나는 생명이다. 결코 죽지 않는다.

네가 내 안에 살면 나도 네 안에서 영원히 함께 살련다. 춤춰라. 어디서든지 힘차게 멋있게 춤춰라. 나는 춤의 왕. 너 어디 있든지 나는 춤 속에 너 인도하련다."

| 〈춤의 왕(Lord of Dance)〉의 기원 |

'단순함의 선물―단순해지는 것의 기쁨(Simple Gifts)'이라는 곡으로 1848년에 셰이커교도의 리더였던 조지프 브래킷에 의해 작사, 발매되었던 노래. 1647년 영국인 조지 폭스에 의해 창시된 퀘이커교(Quakers, 떠는 사람)는 '역사적으로 평화를 추구하는 교회'로 널리 알려져 있다. 전쟁이 하느님의 뜻과 반대되는 것이라고 꾸준히 주장해왔고 여러 세대에 걸쳐 노예제 철폐, 여성들의 권리 신장, 금주령, 사형제도 폐지, 형법 개혁, 정신병자들에 대한 보호 등을 주장해왔다. 조지프 브래킷이 속한 셰이커교(Shakers, 흔드는 사람)는 퀘이커의 지파(支派)다. 예수를 레위 제사장과 바리사이파의 훼방에도 불구하고 하늘의 진리를 선포하는 춤꾼으로 묘사한 현재의 노랫말은 옥스퍼드 대학을 졸업하고 제2차 세계대전 때 그리스에서 구급요원으로 활동했던 고교 교사 시드니 카터가 작사, 1963년경에 발표한 것이다.

― 참조 : 이준원 목사의 블로그(http://blog.naver.com/panem)

어지러운 봄날 한나절 서울 여행기

날씨가 엔간하니 길 나서기가 참 좋은 날들입니다. 개나리 노란 꽃 만발하고 언제 이렇게 많이 심었나 싶게 어디든 벚꽃 난장입니다. 아직은 나무들이 새잎을 틔우기 전인데도 인왕산 어귀에는 연분홍 진달래가 한창입니다. 그 찬란한 빛깔에 온 산이 물들면 곧이어 피어날 연둣빛 향연도 자연스레 머릿속에 그려집니다.

황사먼지 뒤집어쓰고
목련이 핀다

안질이 두렵지 않은지
기관지염이 두렵지도 않은지

목련이 피어서 봄이 왔다

어디엔가 늘 대신 매 맞아 아픈 이가 있다
목련에게 미안하다

　　　　　　　　—「목련에게 미안하다」, 복효근

가재울에는 꽃이 없다

　　　　　　　　＿저 꽃들을 누가 불러 왔을까를 생각했습니다. 시인 복효근은 목련이 데려왔다고 했습니다. 남녘으로부터 들려온 꽃소식이 만개하여 여의도에, 남산에 벚꽃축제로 봄의 절정을 맞는 들뜬 시간엔 이미 그 이전에 긴 겨울을 건너온 순백의 목련 한 송이가 피었다가 진다는 사실을 기억하는 사람은 많지 않습니다. 내가 사는 골목에서 늘 봄의 시작은 목련이었습니다.

　목련 꽃송이가 꽃망울로부터 살짝 고개를 내밀 때쯤엔 곧장 황사가 찾아들었고 사람들은 두터운 외투를 여전히 걸치고 황사 마스크를 쓰고 다녔습니다. 봄의 시작을 알리려 추위가 가시지 않은 낮과 밤을 털어 꽃을 피웠지만 세상은 목련의 존재를 봄으로 인식하지 못했습니다. 목련꽃 이파리 하나 길바닥으로 떨어지는 날, 여의도 윤중로에 꽃구경 인파가 백만쯤 모였다는 뉴스를 귓전에 흘리면서 나는 서민대책 없는 재개발 반대의 횃불이 타오르던 용산 4구역의 새벽을 떠올리며 가재울로 향했습니다.

　서울시 서대문구 북가좌동 144번지, 35층짜리 아파트가 3000여 채 건립된다는 가재울 뉴타운 공사 현장은 황량하기 그지없었습니다. 작동을 멈춘 포클레인이 봄날과는 사뭇 다른 을씨년스러운 모습으로 서 있었고 오고가는 사람들도 거의 없는 죽은 땅 같았습니다. 다만 15만 6000제곱미터가 넘는 너른 땅은 그 안에 살았던 뭇 생명들을 모두 떠나보내고 무장해제 당한 전장의 병사처럼 넋을 잃었습니다. 터무니없는 이주 보상비를 거부한 남은 주거 세입자 두 가구, 상가 세입자 100여 가구만 대책위 사무실을 지키며 싸우고 있었습니다. 세입자 대책위 사무실 앞에서 만난 50대 중반의 이 씨 아저씨는 평평하게 터 닦인 공사 현장을 보며 "내 생전 이렇게 넓은 마당을 가져보리라곤 생각도 못했다."고 쓸쓸하게 웃었습니다. 그는 만약 용산에서 참사가 일어나지 않았다면 가재울에서라도 일어났을 거라고 말했습니다. 지난 2년간의 철거 반대 싸움이 녹록지 않았음은 그의 절박한 말 한마디에서도 느낄 수 있습니다. 그곳에 터를 잡고 가게를 열며 냉장고며 에어컨 같은 기계 설비를 들이는 데만 1000만 원이 넘게 들었는데 철거가 되면서 고물상에 처분된 가격은 20만 원밖에 안 되었다는 말 속에는 1억 원을 투자했지만 고작 2000만 원을 보상으로 받아야 하는 수많은 상가 세입자들의 고통이 녹아 있습니다.

　4월 가뭄이 한창이던 그날, 혹여 철거된 집터 어디에서라도 누군가

__가재울에는 꽃이 없다

가 남기고 간 화분의 꽃씨가 싹을 틔우지 않았을까 싶어 공사 현장 곳곳을 돌아다녔습니다. 그러나 그곳에는 그 흔한 민들레 꽃 하나 피어 있지 않았습니다. 온 나라가 봄꽃 소식으로 치장되어 있는 시간, 꽃 한 송이 키우지 못하는 땅 위에서, 나는 저무는 해를 오래도록 바라보았습니다.

여기 사람이 있다

＿저녁 햇살이 사천교 위를 지나가다 잠시 머물며 개나리꽃 위에 앉은 비둘기 한 쌍을 비춥니다. 애초 다리는 소통의 길이었습니다. 그러나 지금은 속도의 길이 되었고, 놀랄 만큼 빠르게 지나가는 자본의 속도에 소외된 많은 이들은 다시 다리로 모여 소통을 외칩니다.

강북과 강남을 잇는 거대한 다리들은 소통이 사라진 세상에 항거하는 사람들의 최후 선택지가 된 지 오래입니다. 평화의 상징이었던 비둘기가 공사장 철사줄에 다리가 끊겨 절뚝대는 사천교 위를 지나며 그래도 포기할 수 없는 내 삶의 지향점을 다시 확인합니다. 버스가 안국역에서 멈추고 나는 문 닫을 시간을 넘겨버린 평화공간 스페이스 피스의 〈망루전(亡淚戰)〉 전시회장으로 바쁜 걸음을 옮깁니다. 용산참사를 기억하며 함께하는 문화 예술인들의 현장 작품이 전시되어 있는 그곳에는 "여기 사람이 있다."고 외치던 망루 위의 절규를 산산조각 내버린 국가 공권력의 만행이 생생하게 그려져 있습니다.

"존경은 간사한 혓바닥에 있지 않고 심장에 있다. 눈빛에 있다. …… 당신이 존경하는 국민 여러분을 외쳐댈수록 불행히도 나는 자꾸만 사기당한 기분이 든다."는 손세실리아의 시가 입구에서부터 마음을 숙연하게 만듭니다. 망루(望樓)는 방어의 장소입니다. 감시하고 조망하는 곳이기도 합니다. 그러나 용산 4구역의 철거민들이 올라간 망루는 더 이상 지킬 것도 감시하고 바라볼 것도 없는 사람들의 최후의 선택지였습니다. 도곡동 타워팰리스의 맨 꼭대기 층 두 채를 터서 한 집으로 쓰는 사람들의 전망 좋은 망루도 아니고 청와대 뒷산에 올라 촛불의 개수를 세는 대통령의 망루도 아니고 그저 5층짜리 낮고 소박한 건물의 옥상이었습니다.

"존경하는 국민 여러분"을 외쳐대는 사람들이 멀찍이 높은 데서 국민들을 감시하고 있는 사이 낮고 천한 백성으로 태어난 사람들은 그들의 망루(亡淚)에서 "여기에 사람이 있다."는 말 한마디를 남기고 불꽃이 되었습니다. 용산참사로 희생된 다섯 분의 초상이 아리게 가슴에 박힙니다. 못난 정부 없는 곳에서, 강제 철거 없는 곳에서 살고 싶어 못난 조국을 등진 이들의 눈빛이 가재울에서 만났던 이 씨 아저씨의 눈빛과 많이 닮아 있다고 생각하는 순간 가슴이 철렁했습니다. 다시는 어떤 초상도 그리지 말아야 한다는 작가들의 결의가 그 전시회 공간에 가득했지만 나는 또다시 그 초상 앞에 놓인 시든 국화꽃이 서러워 가슴이 무너져 내립니다.

대통령이 드셨다는 순대국밥

　　　　　　　　　　낙원상가엘 갔습니다. 세계 최대 규모를 자랑하는 악기점들의 집합소인 그곳 아래에는 지난 대선 때 대통령이 후보 시절 광고를 찍은 순대국밥집이 있습니다. 저녁때가 되어 자리를 찾을 수 없을 만큼 북적대는 식당 한 구석에서 3500원짜리 국밥을 앞에 놓고 대통령께서 이 국밥을 정말로 맛있게 드셨을까를 생각했습니다. 새벽 네 시에 일어나 다음 날 새벽 두 시까지 호프집을 운영했던 용산의 고 이상림 노인의 주검은 꼭 열흘 빠진 1년을 냉동고 속에서 지냈는데, 열심히 일하면 누구나 성공할 수 있는 시대를 열겠다던 광고의 다짐은 어디로 갔는지 찾을 수가 없어서입니다. "이명박은 배고프다."는 광고 문구가 낮은 곳에 있는 주춧돌을 빼내어 고층 아파트의 옥상 위에 올려놓는 것 말고는 아무것도 해놓은 것이 없는 지금, 처음 먹어보는 3500원짜리 서민 음식 순대국밥 한 숟가락으로 서민들의 요구를 다 이해했다고 생각하시는 건 아닌지 걱정스러워서입니다. 순대와 돼지머리를 담아놓은 양푼 위로 김이 모락모락 피어오릅니다. 생의 고단함을 노동으로 일궈내는 사람들의 어깨 위에 피어나는 희망이 자칫 저 양푼 위의 김처럼 흔적 없이 사라질까 봐 두려웠습니다.

　　어둑해진 골목을 빠져나오면 가재울에서 만난 이 씨의 넋두리도, 용산 희생자의 마지막 외침도, 이내 바삐 움직이는 자동차의 바퀴 속으로 맴돌며 빨려 들어갑니다.

해빙기

　　　　　　밀레니엄이라는 생소한 용어가 새로운 세기의 기대감을 증폭시켰던 1999년 겨울, 동네에서 가장 번듯한 건물이 동회에서 지어준 화장실이었던 신림동 난곡 언덕을 오르내린 적이 있습니다. 서울시는 난곡지구 재개발 사업을 확정 짓고 세입자 한 가구당 450~650만 원을 이주비로 지급한다고 밝혔습니다. 생존의 위기에 몰린 사람들은 담이라고도 할 것 없는 시멘트벽에 각종 구호를 써 붙이고 생존권 보장을 외쳤고 새벽부터 들이닥치는 철거반의 포클레인 바퀴 밑에서 "나를 밟고 지나가라."고 절규했습니다. 그해 겨울 서울에서 가장 높은 곳에 사는 가장 낮은 사람들이 드린 마지막 성탄 예배 광경을 또렷이 기억합니다.

　　난곡 언덕 중턱의 주차장에서 몇 개의 드럼통 난로로는 도저히 데울 수 없는 찬바람을 맞으며 발아래 동네 세상의 허황된 희망에 맞서 뜨거운 절망을 눈물로 기도했던 그 성탄을 잊을 수는 없습니다.

　　거기서 난곡동의 마당발 김혜경 님의 따뜻한 손도 잡았고 30년 동안 그곳 성당에서 궂은일 마다하지 않았던, 벽안의 수녀님이 드리는 기도도 들었습니다. 그날 이후 눈이 내리고 다시 녹을 때까지 난곡의 언덕을 드나들며 노래를 만들었습니다.

　　낯선 비둘기 한 마리 먹이를 쫓다 비행기 날으는 곳으로 떠나고

굳게 잠긴 철문 안의 작은 방에선 또 어떤 아이들이 성냥불 장난할까
돌계단 틈으로 바람이 불어오면 어느새 묵었던 잔설이 녹고
무너진 예배당 십자가 위엔 또 다른 햇살이 비칠 테지

이렇듯 날은 저물고 어둠이 내리고 피곤에 지친 사람들 돌아오고
가장 높은 곳에 사는 가장 낮은 이들 그 가난한 마음에도 봄꽃은 피어
날까

— 〈해빙기〉, 이지상 작사·작곡

    몇 년 뒤 이 곡이 영화음악의 거장 히사이시 조가 작곡한 애니메이션 영화 〈천공의 섬 라퓨타〉의 주제음악과 도입부가 같다는 사실을 알게 되었습니다. 다른 공간, 다른 상황 속에서 같은 선율이 나온다는 게 신기할 정도였습니다. 영화는 1986년에 만들어졌으니 결과적으로는 내가 표절 아닌 표절을 한 셈입니다. 그러나 그것 때문에 발표를 포기할 수는 없었습니다. 누구보다 열심히 인생을 살아가는 사람들에게 주어지는 보상이란 게 고작해야 유일하게 합법화된 불법인 공권력의 몽둥이와 철거 깡패들의 욕설뿐인 나라에 살며 우리 가난한 이들의 마음에도 대통령의 허울 좋은 국밥 타령을 딛고 흐드러지게 피어나는 봄꽃에 대한 열망을 지울 수 없었기 때문입니다.

욕망의 사회와 홍등가의 여인들

가장 낮은 곳에 사랑이 있다

　　　　　　　＿ 사진작가 조성수 씨의 작품을 우연히 본 적이 있습니다. 그는 고등학교를 졸업할 즈음 맞닥트린 6월 항쟁의 불씨가 아직도 가슴에 남아 있다고 했습니다. 사회 변혁의 무기로 카메라에 손때를 묻히기 시작한 지 벌써 20년이 훌쩍 넘었으니 그가 잡은 카메라의 앵글이 잘 벼려진 칼날이 되어 탐욕의 세상을 낱낱이 해부하고 있음은 말할 필요도 없습니다. 그는 우리에게 이라크전쟁을 보여주었고 쓰나미로 모든 것이 사라진 인도네시아의 아체 지역을 보여주었습니다. 사진을 배우는 모임의 선생님으로 모셨으니 당연히 물어볼 것이 많아야 할 터였지만, 그의 사진 속에 있는 전쟁과 쓰나미는 그저 몇 마디의 연민 어린 말로 참상을 외면하려 했던 내 모습을 자각하게 했고,

여전히 모든 자연을 돈으로 환산하려는 자본의 틈 속에 허둥대는 내가 부끄러워서 "사용하신 카메라는 무슨 기종인가요?" 같은 흔한 궁금증도 일지 않았습니다.

그날 본 작품 중에는 가장 최근에 작업한 '전농동 588번지'라는 제목의 연작도 있었습니다. 그 작품들엔 이제 보통명사가 되어버린 대표적인 성매매 집결지 '청량리 588' 여성들의 일상이 무척 자연스럽게 담겨 있었습니다. 손거울을 들고 화장을 고치고, 작은 방 창가에 앉아 커피를 마시고 좁은 침대에 누워 곰인형을 쓰다듬는 여인도 있습니다. 지극히 평온한 하루, 굳이 밤에 피지 않아도 이미 꽃인 이 땅 보통 여성의 삶이 천연덕스럽게 느긋한 색감으로 그녀들의 잔잔한 일상을 물들입니다. 기다림의 눈빛을 모은 사진도 있었습니다. 어스름 저녁 성냥갑 누인 것처럼 길게 늘어선 그 거리에 홍등이 켜지고, 가게의 유리문 앞에 기대어 낯선 남자의 불안한 뒷모습을 바라보는 그녀들의 시선이 참 아릿하게 느껴집니다. 마치 새로운 세상을 엿보듯 유리문을 살짝 열고 그 사이로 고개를 내미는 여인의 눈빛 또한 그렇습니다.

사랑이 그렇다면 평화도 낮은 곳에 있다

＿＿사랑이란 이름으로 청춘을 팔아 삶을 살아야 하는 그녀들의 호객 행위는 전혀 탐욕스럽지 않습니다. 뭔가를 찾아 두리번거리는 그녀들의 눈빛은 수억의 세금을 탈루하고도 떳떳이 골프장

_전농동 588번지

으로 향하는 강남 아줌마의 게걸스런 웃음보다 훨씬 순수하고, 자식을 최고의 대학에 보내기 위해 유치원 때부터 각종 학원과 과외로 뺑뺑이 돌리는 욕심 많은 어머니보다, 장롱에 켜켜이 쌓아둔 돈도 부족해 더 좋은 투자처를 찾아 강북 재개발 지역의 부동산을 떼거지로 훑고 다니는 유한마담의 고급 승용차보다 더 순결합니다.

    사회는 그녀들을 흔히 창녀라 부르며 손가락질하지만 그녀들은 단지 몸을 팔 뿐입니다. 그것이 그녀들이 이 사회를 버틸 수 있는 유일한 생존 수단입니다. 영혼까지 팔아 끝없는 경쟁의 피라미드의 최정점에서야만 직성이 풀리는 욕망의 사회가, 팔아치울 영혼조차 시원치 않아 낯선 사랑을 찾아야만 생계가 유지되는 욕심 없는 그녀들을 욕할 수는 없습니다.

가장 낮은 곳에 사랑이 있다는 말을 믿습니다. 진정한 사랑은 늘 낮은 곳으로 향한다는 사실을 알고 있습니다. 낙엽의 사랑이 그렇고 바다의 사랑이 그렇습니다. 예수와 테레사 수녀의 사랑도 낮은 곳에 있었기에 완성된 것입니다. 그것처럼 평화도 낮은 곳에 있다고 믿습니다. 힘을 가진 사람은 다른 많은 사람들을 해치게 됩니다. 광우병 위험에 노출되어 있는 미국산 쇠고기를 먹고 싶지 않지만 힘 있는 누군가의 서명에 의해 전 국민이 어쩔 수 없이 먹어야 하는 것과 같은 이치입니다. 힘없는 사람들은 어느 누구도 해치지 못합니다. 해칠 능력이 없기 때문입니다. 평화의 반대 개념은 폭력입니다. 애초 폭력은 우월한 자들의 것이었으니 반(反)평화의 주된 내용인 폭력을 사용할 수 없는 사람들은 그 자체가 평화라고 말할 수 있습니다. 그러니 가장 낮고 힘없는 이들에게 평화가 있다는 사실이 새로울 것은 없습니다.

다시 조성수의 '전농동 588번지' 연작을 기억합니다. "저 태양 아래 당신의 지갑을 소매치기 소년이 훔친다 해도 모른 체하세요. 그게 소년이 살아가는 유일한 방법이니까."라는, 아르헨티나 가수 레온 히에코의 〈보고타의 태양 아래(Bajo El Sol Bogota)〉 노랫말을 떠올리며 나도 그녀들에게 가졌던 오만한 연민을 거두기로 했습니다.

청량리, 누군가를 그리워하는 사람들

　　　　　　　＿오래전 나는 청량리 역전 뒤편, 그녀들의 거리를 지나치다가 사랑을 강요받은 적이 있습니다. 차마 그럴 수 없다고 정중하게 거절하고 돌아온 방 안에서 곰곰이 생각했습니다. 처음 만난 이에게 무언가를 부탁한다는 게 얼마나 어려운 일인지 압니다. 그녀는 나뿐 아니라 또 다른 낯선 사람들에게도 몇 번씩 거절당해야 할 게 뻔했습니다. 자신의 치부를 사달라고 부탁하는 일을 직업으로 삼아야 하는 그녀의 떨리는 목소리를 귀청에 담고 그 밤을 새우며 노래를 만들었습니다.

　　그녀들의 세계를 엿볼 수 있는 유일한 날이었던 오래전 그날을 생각하면 여전히 미안함뿐입니다. 미안한 이유를 따질 수 없을 만큼 …….

　　　　오늘은 누굴 그리워할까. 가로등 불빛만 아픈 이 밤거리
　　　　저기 사람들의 외로운 발걸음 끊이지 않고
　　　　오늘은 누굴 그리워할까. 취한 눈빛만 서성대는 이 거리
　　　　작은 탁자 홍등의 슬픔만 말하는 내가 있는 이 골목에
　　　　초점 잃은 눈동자에 아련히 그려지는 옛사랑
　　　　고달픈 삶의 기억 너머 꺾여버린 순결한 그리움
　　　　아 오늘은 누굴 그리워할까. 이제 더 이상 갈 곳도 없는데

아 오늘은 누굴 그리워할까. 사랑으로 만난 모든 사람들

— 〈방황〉, 이지상 작사·작곡

적당한 갈망, 지나친 낙관

　희망과 집착이라는 말은 사전적 정의와는 다소 다르게 '무언가를 바란다'는 의미를 통해서 보면 동종(同種)의 언어임이 분명합니다. 그러나 그 말의 쓰임새, 혹은 그것을 품은 사람들의 양태는 전혀 다르지요. 이를테면 새해 연초면 가장 자주 등장하는 말이 희망인 반면 한 해를 반추해보는 연말에 제일 먼저 떠오르는 말이 집착입니다. "희망을 품은 사람이 되세요."라는 말을 들으면 무척 기분이 좋지만 "당신은 집착이 많군요."라는 말을 들으면 뺨 때리고 싶어지구요. 일상에서 희망과 집착을 구분해서 살기는 쉽지 않습니다. 분명히 구분점이 있을 텐데 그 선이 명확한 사람은 짐작건대 아무도 없을 겁니다.
　말할 수 없이 많았지요. 그들에게 희망인 것이 나에게는 절망이었던 일 말입니다. 부자세액을 감면해서 경기부양 하겠다거나, 국제중,

자립형 사립고 설립해서 교육의 질을 높이겠다는 뻔한 거짓말을 듣는 것도 절망이었지만 대운하 사업 안 하겠다고 담화까지 발표해놓고 불과 6개월 만에 4대강 살리기로 둔갑시켜 거칠게 몰아붙이는 일이나, 돈 없어 쇠고기 못 먹는 국민들을 불쌍히 여긴다고 값싸고 질 좋은(?) 쇠고기를 지들 맘대로 수입하고, 멀쩡히 일 잘하던 방송인들을 쫓아내는 대목에서는 "신이시여! 저들을 벌해주소서." 소리가 절로 나오지 않았습니까? 법이 정해준 임기와 상관없이 방송사의 사장, 국립 현대미술관 관장, 문화예술 진흥위원회 위원장도 현직에서 쫓아냈지요. 지난 시절 국회의 합의에 의해서 제정된 행정중심 복합도시 특별법(일명 세종시법)은 실행도 못해보고 좌초되고 보수언론의 방송 진출 특혜를 주기 위한 미디어법은 날치기로 통과되었습니다. 그야말로 '좀비의 귀환'이라는 말 외에 다른 수사가 떠오르지 않는 가파른 시간을 2년 동안이나 살았습니다.

집착을 버리고 희망 속으로

　　　　　　__희망이란 말에는 반드시 공동체의 염원이라는 의미가 포함되어 있다고 생각합니다. 공동체의 운영 방식은 나눔이 될 터이고 그 안의 사람들을 평가하는 잣대는 진정성이 될 것이며, '무엇을 이루었는가보다는 얼마나 노력했는가'가 더 중요한 가치가 될 것입니다. 그러나 집착이란 말에는 다 자기 혼자 소유해야 할 것들밖에

없습니다.

집착의 운영 방식은 독점이고 평가 잣대는 효율입니다. 당연히 과정은 무시되고 오직 결과만이 중요한 덕목입니다. 좋은 결과를 만들기 위해서는 박 터지는 경쟁만이 살 길이 되지요. 집착의 사회를 사는 이들은 치열한 경쟁을 통해 얻을 수 있는 몇 푼의 돈을 위해 닭 볏 시들어가는 양계장의 닭처럼 죽어라 하고 살지요. 자신의 인생을 성공이라는 허울 좋은 말로 포장하기 위해서 말입니다. 그야말로 '돈과 사람의 목숨을 바꾸는 미련한 세상' 속에 미련 없이 몸뚱이를 내던집니다.

모로 가도 서울만 가면 된다?

"모로 가도 서울만 가면 된다."는 속담이 한때 널리 회자된 적이 있습니다. 과정이야 어떻게 되었든 애초 설정한 목표만 달성하면 된다는 속담의 표면적 의미가 "법 절차상의 하자는 무지하게 많으나 효력은 무효하다 할 수 없다."는 헌법재판소의 해괴망측한 미디어법의 해석과 맞물려 근엄하신 재판관들을 한껏 조롱하는 말로 쓰였던 것입니다. "성공한 쿠데타는 처벌할 수 없다."는 명언을 남기신 전직 검사님은 현직 국회의원이지요. 후배 법관들에게 거리에서 촛불 들었던 피의자들에 대해선 빨리빨리 재판을 진행하고 될 수 있으면 엣지 있는 형량으로 사법 정의를 구현하라고 인상 쓰신 지방법원장님은 대법관이 되어서도 엣지 있게 사시지요. 그러니 헌법재판소의 미디어법 판결은 "물건은 훔쳤지만 절도라고 할 수는 없다."든가 "친일은 했지만 친일파는 아니다." 같은 네티즌들의 비아냥을 귓속에 확성기를 꽂아놓고 스물네 시간씩 돌려대도 모자랄 만큼의 공분을 사기에 충분한 것이었습니다.

"구슬이 서 말이어도 꿰어야 보배", "천리 길도 한 걸음부터", 초등학교 때부터 배우는 속담입니다. 요즘엔 다섯 살짜리 어린애들도 아는 이 속담은 놔두고 헌재 재판관들은 왜 "모로 가도 서울만 가는" 방법만 골몰하셨는지 참 이해하기가 어렵습니다. 헌재가 대놓고 무시한 과정이란 말에 연동되는 몇 가지 단어를 떠올립니다. 희망, 공동체, 나눔, 그리고 진정성. 모두가 긴 구도의 여행을 떠나는 동자승의 첫 발자국을 연상시키는 우리의 말, 함께 삶을 살아가고자 하는 사람들의 말입니다. 이 말들이 헌법재판소의 이상한 판결문 탓에 대한민국에서는 공식적으로 무시당하는 단어가 되고 말았으니, 이 땅에는 오직 집착, 독점, 경쟁, 효율, 성공이라는 단어만 남게 되었습니다.

모로 간다는 것은 좀 비딱하게 걷는다는 것입니다. 남들처럼 제대로 걸을 수 없는 사람들이 다리 절며 간다는 것이고 때론 걸을 수 없으니 기어서라도 간다는 뜻입니다. 두 시간 초반 대를 뛰는 이봉주 같은 프로 마라토너에게 모로 뛴다고 얘기하면 큰 욕이 됩니다. 다섯 시간이든 여섯 시간이든 시간에 상관없이 꾸준히 달리는 사람들, 걷다 쉬다 가끔은 뛰다를 반복하지만 애초 설정한 목표만큼은 놓치고 싶지 않아 부지런히 발을 움직이는 사람들 속에 '모로 뛴다'는 말은 살아 있습니다. "모로 가도 서울만 가면 된다."는 말은 소주를 먹든 막걸리를 먹든 술 한잔 걸치면 된다는 거고, 버스 타든 비행기 타든 가기만 하면 된다는 거고, 라면 먹든 고기를 먹든 배부르면 된다는 거고, 나이 50에 하든 70에 하든 어쨌든 자기 일 포기하지 않으면 된다는 것입니다. 그 말 자체에는 과정의 부정보다는 과정의 다양성, 과정의 풍부함이 훨씬 더 많이 강조가 되어 있습니다. 그러니 온갖 부정을 해도 좋으니 오직 일등만 하라는 천박한 경쟁의 논리를 "모로 가도 서울만 가면 된다."는 속담으로 대치하는 것은 맞지 않습니다.

돌이켜보면 나는 몇 년간 긴 장마 속에 있었던 것 같습니다. 어떨 땐 태풍처럼 몰아쳐 이제야 뿌리내리고 무성하게 자라는 민주주의의 숲을 할퀴기도 했지만, 대부분은 달동네 쓰러져 가는 집의 외벽으로 스며들어 지워도 지워도 끊임없이 곰팡이를 피워대는 습기 같은, 저잣거리 야바위꾼의 비열한 웃음 같은 독성비를 한동안 맞고 살았습니다. 누군가에게 이 얘기를 하니 그 비의 이름을 정해주더군요 이엠비라고…….

명장 구로자와 아키라 감독의 조감독 출신인 고이즈미 다카시의 영화 〈비 그치다(雨あがる, 1999)〉라는 영화를 아주 인상 깊게 본 적이 있습니다. 그 영화엔 이런 멋진 대사가 나옵니다.

"언젠가는 이 비도 그칠 겁니다. 지금까지의 모든 비는 그쳤으니까요."

__석과불식
석과(碩果), 마른 줄기가 추위에 지칠 때쯤 눈보라의 알갱이 등짐 되어 어디론가 날아가겠지. 봄싹 틔우러…….

착한 사람들이 사는 마을엔 별들이 많이 뜬다

　　　　　__한 사람을 5년 정도 미워해본 적이 있습니다. 그 사람만 생각하면 마음이 무거워지고 원망이 가득했지요. 아예 인연도 발길도 끊었지만 미워하는 마음이 덜해지지는 않았습니다.

　술잔을 들이키는 횟수도 많아졌고 그를 비난하는 혼잣말도 스스러움 없이 중얼거리게 되었습니다. 내 감성이 많이 망가져 있다는 사실을 안 건 비교적 최근의 일입니다. 나를 상하게 했던 그의 방식 그대로 나는 그를 미워했던 것입니다.

『논어』의 「이인편(里仁篇)」 첫머리에 "이인위미(里仁爲美)"란 유명한 말이 나옵니다. 어짊(仁)에 거하면 아름다워진다는 뜻입니다. 어짊의 개념이 무엇인지는 가늠하기 어렵습니다. 그러나 그것이 희망이라는 사실은 뚜렷합니다. 나눔이고 진정성이며 삶의 과정의 소중함입니다. 올 한 해도 집착의 방식으로 가는 수많은 도전을 받게 될 것입니다. 같은 방식으로 방어를 하게 된다면 승리하기 어렵겠지요. 설령 승리를 한다 해도 시대의 흐름을 바꾸는 새로운 가치는 만들어내지 못할 겁니다.

도종환 시인의 시로 지은 노래 〈어떤 마을〉에 나오는 구절 하나하나가 마음을 울립니다.

> 사람들이 착하게 사는지 별들이 많이 떴다
> 개울물 맑게 흐르는 곳에 마을을 이루고
> 물바가지에 떠 담던 접동새 소리 별 그림자
> 그 물로 쌀을 씻어 밥 짓는 냄새 나면
> 굴뚝 가까이 내려오던 밥퇴처럼 따스한 별들
> 별들이 뜬 별이 뜬 마을을 지난다
> 사람이 순하게 사는지 별들이 참 많이 떴다
>
> ―〈어떤 마을〉, 도종환 시, 한보리 작곡·노래

희망의 방식으로 싸워야겠지요. 그러기 위해서 아름다워지는 투쟁이 필요합니다. 공동체의 가치를 보호하기 위한 두터운 방호벽이 되기를 주저하지 않으면서도 서로의 소통을 가로막는 집착의 벽을 우리 스스로 허무는 희망의 싸움 말입니다. 요즘과 같은 절망의 시기에 이런 말을 드리면 욕하실까요?

"적당한 갈망, 지나친 낙관."

꽃과 밥
평화로운 식탁을 위하여

무지개를 잡으러 다니던 시절

　　　　　　　　　　내가 살던 동네에는 유난히 아카시아가 많았습니다. 15리나 되는 길을 걸어 다녀야 했던 초등학교 시절, 딱지치기나 오징어 잡기, 비석치기, 가방 들어주기로 이어지는 등굣길에는 언제나 입 안 한가득 환한 봄날의 아카시아가 있었습니다. 어머니는 늘 아카시아 꽃 많이 먹고 체하면 똥물 마시는 것 외에는 약이 없으니 조금씩만 따 먹으라고 말씀하셨습니다. 그러나 참 많이도 먹었지만 체한 적도, 똥물을 실지로 먹었던 적도 없습니다. 어머니는 간식거리가 충분치 않던 시절에 그래도 혹시 모를 탈을 걱정하셨던 거겠지요.

　학교 운동장에나 교사 뒤편의 잘 가꾸어진 화단엔 고운 새악시의 빠알간 입술마냥 선홍빛 꽃물을 담뿍 품은 사루비아꽃이 한가득 피었습니다. 체육시간에는 화단에 난 잡풀들을 뽑곤 했는데 운동장에 나가 공을 차야 하는 시간에 텃밭에 김매기 하듯 하는 사역은 지루하기 그지없었습니다. 그 지루했던 풀 뽑기가 끝나면 선생님의 눈을 피해 꼭 대여섯 개씩은 사루비아 꽃술을 따서 먹기도 했는데 그러다가 선생님께 들키는 날, 손바닥에 착착 달라붙던 회초리는 왜 그리 굵던지요.

무지개를 쫓아간 적도 있습니다. 6월 하순쯤이면 마지막 장맛비에 농익은 살구가 장독대 위로 툭툭 떨어지곤 했습니다. 살구가 익는 계절에 동네 아이들은 너나없이 바구니를 들고 잘 익어 떨어진 살구를 주우러 다녔습니다. 산타클로스가 굴뚝을 타고 성탄 선물을 줄 거라 믿었던 때니까 내가 아주 어렸던 어느 해겠지요. 하루 종일 내리던 비가 오후에 잠깐 그친 틈에 울 뒤에서 살구 이삭을 줍다가 그만 동산 위에 길게 걸쳐진 무지개를 본 겁니다. 그놈을 잡겠다고 겨우내 연날리기를 했던 언덕을 넘어 얕은 개울도 건너고 일제시대 때 금을 캤다던 폐광에까지 꽤 먼 길을 뛰어갔습니다. 너무도 당연하게, 무지개는 고사하고 장맛비에 웃자란 풀에 쓸린 생채기만 잔뜩 달고 돌아왔지요. 볼이 잔뜩 부어 툴툴대는 나에게 어머니께서 그러셨습니다. "무지개가 니꺼냐, 이놈아!" 내가 왜 무지개를 잡지 못했는지 그 이유를 어머니께서 명쾌하게 답해주신 겁니다. 먹을 것이 참 없던 때이기도 했지만 또 지천으로 먹을 것이 널렸던 때이기도 했습니다.

우리는 당장 구름 속에 감추인 밤하늘에 몇 개의 별이 떠 있는지 모릅니다. 뒷동산에 선 소나무의 이파리가 몇 개인지도 모르고, 비 내리는 날, 내가 받친 우산 위에 몇 개의 빗방울이 떨어졌는지도 모릅니다. 오늘 내가 걸었던 발걸음이 몇 발짝이었는지도, 심지어 내 몸에 몇 올의 머리카락이 있는지도 잘 모릅니다. 도대체 헤아릴 수 없는 것들이 너무 많습니다. 무지개를 잡지 못했던 것처럼 우리 삶에 그 많은 것들을 헤아리지 못하는 이유도 내 것이 아니기 때문입니다. 내 것이 아닌 '우리'의 것이기 때문입니다. 내 것으로 삼자면 헤아릴 수 없는 이 많은 것들을 수치로 환산하여 값을 매기고 그걸 돈 주고 사는 수밖에 없습니다. 지나치면 집착하게 되고 그것을 우리는 탐욕이라고 부릅니다. 손안에 쥔 돈이 없으니 내 것으로 만들 것이 거의 없었습니다. 그러니 밥을 먹는 횟수의 반쯤은 끼니를 거르는 일도 흔했지요. 그러나 봄날의 아카시아 꽃은, 사루비아, 진달래, 살구나 앵두는 굳이 내 것으로 만들어야 할 이유가 없었습니다. 우리의 것, 곧 자연의 것이었기 때문입니다.

　대체로 사람이 만든 것 중에는 셈할 수 없는 게 거의 없습니다. 사람이 지은 집이나 거기에 들어간 벽돌의 개수, 혹은 자동차, 길거리의 상점, 그 상점에서 파는 물건의 개수까지도 물리적으로 셈이 가능합니다. 소유를 전제로 한 상품은 모든 물량을 셀 수 있어야 하고 그것이 사람의 것, 내 것이 됩니다. 그러니 사람은 상품을 제조하는 기계와도 같습니다.

자연의 것 중에는 셈할 수 있는 게 거의 없습니다. 당장 손에 들고 있는 커피 잔의 최소 입자가 무엇인지, 또는 그 입자가 몇 개쯤 모여야 커피 잔이 완성되는 것인지도 모릅니다. 헤아릴 수 있는 거라면 고작 해야 전 세계 인구가 몇 억 명쯤 된다더라 정도일 겁니다.

모든 사람의 기억 속에 무드셀라 증후군(mood cela syndrome)의 세포가 존재하는 것처럼 나도 어릴 적 기억을 좋은 추억으로 담고 있습니다. 무지개를 쫓던 날의 바람 냄새를 지금도 간간이 기억합니다. 패랭이, 개망초, 나리꽃 지천이던 언덕도 기억하고 장맛비에 얕은 여울을 넘쳐흐르던 황톳빛 물결도 기억합니다. 무엇보다 그 모든 것이 내 것이 아니었음을 지적해주신 어머니의 말씀 한 마디를 기억합니다.

맹인 부부의 아름다운 식탁

___제대를 하고 복학해 1년 내내 꼬깃꼬깃 찌든 때 물든 군복만 입고 다니며 세상을 어찌 살아야 할 것인가에 대한 고민을 무척 많이 하던 때가 있었습니다.『철학의 기초이론』이나『역사란 무엇인가』,『해방신학의 이론과 실천』등 전공과는 무관한 책을 가방에 넣고만 다니며 그해 늦가을을 맞았습니다.

낙엽의 쓸쓸함마저 긴 소매 끝의 찬바람으로 들어와 뜻 모를 외로움에 빠져들었던 그 가을의 어느 저녁, 나는 내가 다니고 있던 학교의 전철역 역사 끝에서 세상에서 가장 아름다운 식탁을 보았습니다. 이미 지하철 안에서도 마주친 적이 있는 맹인 부부가 그 역사의 끝을 찾아와 보따리를 풀고 거기서 도시락을 꺼내 서로의 고단함을 달래주듯 한 입 두 입씩 서로에게 먹여주는 모습이었지요. 어떨 땐 밥이 제대로 전달되지 못하고 입가에 묻거나, 몇 개 안되는 반찬이 흘러 바지에 떨어졌지만 아랑곳하지 않고 서로의 손과 얼굴을 더듬으며 밝게 웃던 그 아린 사랑의 식탁. 마치 세상이 끝나는 지점을 찾아와 마지막 간절한 사랑을 나누는 것 같은 그들만의 성스러운 식탁을 보며 나는 그 자리에서 10분도 넘게 움직일 수 없었습니다.

    역사 위로 노을이 찾아들고 그들의 도시락에 저녁 햇살이 반사되었습니다. 사람도 사랑하면 저리 아름다운 모습이 될 수 있겠다는 희망을 가지게 된 게 그즈음입니다.

    눈 내려 어두워서 길을 잃었네
    갈 길은 멀고 길을 잃었네
    찾아오는 사람 없이 노래 부르니
    눈 맞으며 돌아가는 저 사람들뿐

    사랑할 수 없는 것 사랑하기 위하여
    용서받지 못할 것 용서하기 위하여
    눈사람을 기다리며 노랠 부르네

세상 모든 기다림의 노랠 부르네

노래가 길이 되어 앞질러가고
돌아올 길 없는 길 앞질러가고
함박눈은 내리는데 갈 길은 먼데
이 겨울 밤거리의 눈사람이 되었네

아름다움 이 세상을 건질 때까지
절망의 즐거움이 찾아올 때까지
무관심을 사랑하는 노랠 부르네
눈사람을 기다리는 노랠 부르네

―〈맹인 부부 가수〉, 정호승 시, 박윤우 작곡, 안치환 노래

    가을에서 겨울로 넘어가는 환절기에는 목 안에 잠긴 감기처럼 이 노래를 불렀습니다. 무지개나 봄날의 꽃처럼 내 것으로 만들 수 없는 것들을 반드시 내 것으로 만들겠다는 집착의 세상 속에 던져진 한 영혼이 서러웠습니다. 악다구니의 세상, 갈 길은 멀고 함박눈은 내리는데 눈사람을 기다리다 눈사람이 된 그 사람의 모습이 안쓰러웠습니다. 이 세상을 용서할 수 없어 눈물을 흘린 적도 있습니다. 그러다가 "사랑할 수 없는 것 사랑하기 위하여, 용서받을 수 없는 것 용서하기 위하

여" 세상에 부는 가장 낮은 바람을 안고 가는 작은 사내의 용서를 배우며 세상을 다시 사랑하는 방법을 배우게 되었습니다.

친구 안치환이 9.5집 《정호승을 노래하다》에서 이 노래를 불렀습니다. 녹음 과정에서 하모니카 연주자로 유명한 C 씨를 연주자로 초대하게 되었습니다. C 씨는 훌륭하게 연주를 했고 녹음 상태를 점검하기 위해 다시 듣는 시간에, 그의 매니저가 와서 그에게 노래에 대해 설명을 했습니다. 이 노래가 '맹인 부부 가수'를 소재로 한 것이라고. C 씨는 시각장애인이었습니다. C 씨는 자신의 연주가 음반에 수록되지 않기를 정중하게 그리고 완고하게 원했고 결국 음반에는 아코디언 연주와 다른 사람의 하모니카 연주가 실리게 되었습니다.

이 얘기를 전해 들으면서 무척 안타까웠습니다. 내가 그 자리에 있었다면 시의 내용을 더 잘 설명했을 것 같았습니다. 세상에서 가장 아름다운 그 아린 식탁의 경험을 통해 우리의 음악이 존재하는 거라고, 그 가을날, 노을을 감싸는 도시락으로 인해 희망을 가지게 되었다고, 그게 아니었으면 나는 지금도 무지개의 참뜻이 무엇인지 알지도 못하고 그저 내 것이 되는 무언가를 찾아 배회하는 철없는 청춘이었을 거라고, 그리고 언젠가는 절망을 희망으로 바꾸어놓은 당신의 하모니카 연주가 이 시와 노래에 얹히기를 기대한다고 말했을 겁니다.

총각김치 담그다 무욕의 흔적을 보았네

　　동광원에 가을걷이가 한창입니다. 일곱 분의 나이 드신 수녀님들(개신교 수도시설이지만 주위에선 모두 그렇게 부릅니다.)이 겨울을 나야 하니 거두어들이는 곡식의 종류도 무척 다양합니다. 늦감자와 고구마는 벌써 수확을 끝냈고 비교적 규모 있는 곡물 가게나 가야 볼 수 있는 조, 기장, 수수부터 참깨, 들깨에 율무까지 없는 게 없을 정도입니다. 땅을 1미터쯤 파야 얻을 수 있는 우엉 뿌리는 올해도 거두었습니다. 처마 밑에는 양파 묶음이 가지런히 걸려 있고 마당엔 팥과 콩이 널려 있습니다. 동지가 되면 저 팥으로 죽을 쑤실 것이고 그 전엔 콩 삶아 두부 만들고 메주를 띄울 겁니다. 밭에서는 배추 동여매는 일을 합니다.

　　배춧속이 얼면 금세 썩어들어가 보관이 어렵고 김장을 담가도 푸석하니 맛이 떨어집니다. 수녀님들이 부지런히 움직이시는 밭 언저리

___동광원 예배당
나무 십자가, 호롱불 그리고 지게에 올라탄 성경.
무욕으로 차려진 삼시 세끼.

ⓒ 김원

를 서성거리며 거드는 척을 했더니 원장님이 알타리무가 튼실하게 자란 밭으로 오라 하십니다. 원장님의 손이 몇 번 움직이지도 않았는데 벌써 무는 한 다발씩 커다란 비닐봉지에 담겨 있습니다. 별로 품을 낸 것도 없는데 거저 주시니 손사래를 치며 고사해보지만 원장님은 내가 손 내밀 때까지 선한 웃음을 멈추지 않으십니다.

동광원의 가을걷이

　　　　　　　　　__ "생태계는 약육강식, 적자생존의 세계입니다. 그러니 나눔이 없습니다. 생태계에서 나눔이란 것은 곧 죽음을 의미합니다. 어떤 동물이 자신이 필요한 것 외에 더 많은 식량을 쌓아두나요? 어떤 식물이 자신이 필요한 양분 외에 과도한 잉여 양분을 저장해 두나요? 생태계에 속한 모든 것들은 필요한 이상의 그 무엇을 자기 것으로 만드는 일이 절대로 없습니다. 인간을 제외하구요. 그러니 생태계에 나눔이 없다는 말은 나눌 필요가 없다는 것입니다. 인간계에서는 나눔이 최고의 가치이지만 생태계에서는 아무 의미 없다는 뜻이기도 합니다."

　　동광원에서 오랫동안 농사를 지어온 귀농운동본부의 안병덕 선생의 설명을 들으며 원장님이 주신 알타리무 봉지를 다시 한 번 쳐다봅니다. 그 밭에 있던 사람들이 나 말고도 꽤 있었고 집집마다 무 한 봉지씩은 손에 들었으니 꽤 긴 무 밭 한 이랑 뽑힌 게 금방인데도 원장님의 웃음은 가시질 않습니다. 안 선생의 얘기를 곱씹어보니 원장님의 웃음은 나눔의 충만함에서 오는 기쁨이라기보다 내 것이 아니니 필요한 대로 가져가도 좋다는 안도감의 표현이었던 것 같습니다. 내가 조금 더 많이 가졌으니 어려운 이들에게 주고 나는 기쁨을 갖겠다는 인간계의 소박한 나눔의 개념이 아니라 애초에 필요 이상의 것을 가지지 않았으니 굳이 나눌 것도 없다는 생태계의 품성을 우리에게 가르쳐주시는 것이지요. 값 없이 받았으니 값 없이 모든 것 내어놓고 떠난 예수의 삶을 있는 그대로 보여주신 것입니다.

몇 년째 동광원에 다니면서 배우는 것이 무척 많습니다. 욕심 없이 사는 법을 배우려고 생각했지만 수녀님들의 마음속에는 '욕심'이란 단어 자체가 존재하지 않는다는 걸 알게 되었습니다. 자연과의 상생을 배운다고 했지만 수녀님들은 이미 자연이었습니다.

아내와의 신경전 결과는?

그렇게 귀하게 얻은 알타리무가 베란다에서 나흘씩이나 방치되어 있었습니다. 사실 원장님께 무를 받을 때 고사했던 이유는 물론 도와드린 품도 넉넉지 않았는데 과분하게 많이 주신 것에 대한 미안함이 가장 크지만 아내나 나나 총각김치를 담가본 적이 없기 때문이기도 합니다. 아내보다 내가 먹을 만한 요리를 더 많이 하는 건 맞습니다. 하려면야 한식 조리사 자격증까지 취득한 아내의 솜

씨가 저보다 우위인 게 확실하지만 아내는 한 달에 대여섯 번쯤 실력 발휘를 할 뿐입니다. 매일 먹는 찌개나 나물무침 종류는 내가 조금 더 낫습니다. 그러니 아내는 이번의 김치 담그기도 내게 슬며시 밀어놓고는 태평하고, 그게 괘씸했던 나는 두고 보자는 심보로 버틴 게 나흘이나 되었습니다. 결국 깨달은 자가 먼저 나서야 한다는 부담감을 뿌리치지 못하고 무를 다듬습니다. 그새 파랬던 무청이 노랗게 시들고 몇 가닥은 무르기까지 했습니다. 큰일이다 싶어 수세미로 무를 문질러 흙을 깨끗이 씻어내고 시든 잎을 떼어냅니다. 몇 번을 그렇게 씻고 헹구니 은근히 허리께가 아파오지만 봄날 밭 갈고 씨 뿌리던 수고를 생각하면 그리 힘든 것도 아닙니다. 떼어낸 이파리들도 한군데로 모아둡니다. 동광원에서 생산된 작물들은 거래를 하지 않아서 돈으로는 살 수도 없으니 창가에 널어 말렸다가 더 추워지면 아쉬울 때 시래깃국이라도 끓일 요량입니다.

　동광원은 토착적 영성의 대가로 맨발의 성자 이현필, 소록도를 세운 한센인의 아버지 최흥종 목사, 걸인의 아버지 강순명 목사, 그리고 다석 유영모의 스승인, 도암의 성자 이세종 선생에 그 뿌리가 있습니다. 재산욕, 명예욕은 물론 식욕과 색욕, 수면욕까지 초월한 이세종 선생은 100마지기의 전답과 가진 재산을 모두 걸인과 빈자들에게 나누어주고 가마니 한 장, 사진 한 장 남겨두지 않은 채 소천하셨습니다. 그는 군자는 세 종류가 있다고 가르쳤는데 "첫째는 모든 것을 검소하게 사는 검박군자요, 둘째가 남에게 폐 끼치지 않고 자기 노력으로 애써서 먹는 혈식군자이고, 셋째는 내가 사치한 옷을 입고 다니면 남들이 부러워 빚을 내서라도 그 흉내를 내려 할 것이니 이는 내가 그 피 값을 빨아먹는 행위나 다름없다고 여겨 사치스러운 옷을 입고 다니지 않는 도덕군자"였다고 합니다. 그러한 사상을 바탕으로 맨발의 성자 이현필 선생은 동광원을 설립했고 동광원은 수없이 많은 병자들과 거지들의 숨 쉴 곳이 되었습니다.

    내게 한 무더기의 알타리무를 주신 원장님의 넉넉한 웃음은 100년에 가까운 오랜 세월을 종교적 영성으로 다져온 신앙의 선물입니다. 무청을 한데 모아 씻으면서 보니 벌레들이 먹은 흔적이 참 많이 있습니다. 옛 조상들은 콩도 꼭 세 알을 심었다고 하지요. 한 알은 새의 것, 한 알은 땅짐승 것, 그리고 나머지 한 알이 심는 농사꾼의 것이었답니다. 지난여름 나무젓가락을 들고 배추벌레를 잡은 적이 있습니다만 수녀님들은 나쁜 벌레라는 말을 한 번도 하시지 않았습니다. 내가 먹어야 하니 너희들은 좀 참아줘야겠다는 미안한 마음이셨겠지요. 자연의 손으로 또 다른 자연을 만드는 수녀님의 기도가 시들고 색 바랜 벌레 먹은 무청에도 담겨 있다고 생각하니 아내와의 사소한 실랑이로 베란다에 방치해두었던 알타리무를 씻고 절여 김치를 담그는 일이 세상에 지은 죄를 씻어 내리는 세례의식처럼 경건해졌습니다.

꽃씨를 거두며 아이들과 함께 꽃씨를 거두며
사랑한다는 일은 책임지는 일임을 생각하네

사랑은 기쁨과 고통, 화해로움과 쓸쓸함
사랑은 아름다움과 시듦, 삶과 죽음까지를 책임지는 일임을
시드는 꽃밭 그늘에서 꽃씨를 거두며 주먹을 쥐고

이제 사랑의 나날은 다시 시작되었음을
나는 깨닫네
― 〈꽃씨를 거두며〉, 도종환 시, 백창우 작곡, 성 바오로딸 수도회 노래

    자그마한 학교 교사 앞 화단에 서서 아이들과 함께 먼저 영근 꽃씨를 거두는 도종환 시인의 모습이 떠오릅니다. 아이들에게 꿈의 나래로 활짝 여는 참소망의 땅을 보여주지 못하는 선생으로서의 안타까움과, 그럼에도 사랑의 날은 그리 멀지 않았음을 스스로 다짐하는 한 구절 한 구절이 성 바오로딸 수도회 수녀님들의 소박한 목소리에 얹혀, 기도하듯 흘린 땀방울로 자라난 동광원의 총각김치로 우리 집 식탁에 은은하게 머뭅니다.

첫 잔의 전율

하늘이 깊어 노을이 유난히 붉은 가을 저녁이었습니다. 저녁 방송을 마치고 돌아오는 차 안에선 첫사랑의 눈물을 다시금 여미게 만드는 팝송이 흘러나오고, 창문을 열면 어깨를 강하게 움켜쥔 듯 손가락 하나도 움직이기 어렵게 만드는 가을의 내음 때문에 무척 외로웠던 어느 날이 있었습니다.

외로움은 그만큼의 사랑함 때문이라고, 많은 것들을 사랑하기 때문에 더 많은 외로움이 있는 거라고 스스로 위로하면서도 구체적으로 무엇을 얼마나 사랑하는지는 생각지도 못한 채, 서둘러 정체 모를 외로움과 한잔하기 위해서 소줏집엘 들어갔습니다.

찬바람 부는 계절의 저녁 무렵, 빈속에 채워지는 소주 한잔, 그것도 첫 잔이 훑고 지나가는 전율처럼 고단한 일상을 살아가는 이들의 상념을 위로하기에 제격인 것은 찾아내기 어렵습니다. 두세 잔 하며 그렇게 맞은편 자리에 세워둔 기타와 조근조근 얘기를 나누다가 빈속에 섣불리 건드린 술잔에 취기가 올라 가슴속 응어리처럼 차곡차곡 쌓아두었던 노래에 관한 생각을 혼잣말처럼 중얼거린 적이 있었습니다.

"첫 잔의 전율만큼 가치 있는 노래가 아니라면 나는 너를 언제든지 버릴 것이다."

돌이켜보면 그저 밥이나 먹으려고 같은 말을 반복하는 앵무새 같은 음악은 하지 않겠다는 의지의 표현이었던 것 같습니다. 사람들은 음악 주변의 오락과 유희를 즐길 뿐 정작 음악은 듣지 않는다고 생각했습니다. 거기에 상업성을 띈 갖가지 치장은 음악을 더욱 왜소하게 만들고, 결국 내용 없는 음악은 스스로를 가두는 공동묘지를 점점 더 키워가는 것이라고 생각했습니다. 음악에 대한 내 고정관념이었습니다.

그 노래는 슬픔에서 왔다

___ "모든 예술의 감동의 최고치는 눈물"이라는, 먼저 간 시인 조태일 선생의 말을 늘 염두에 두고 살았습니다. 음악으로만 산 지가 20년이고 그중의 반은 비주류 10년이 두렵지 않은 가수로 살았습니다. 그러나 어느 가을날 저녁의 고백이었던 '첫 잔의 전율' 같은 노래가 무엇인지를 아직도 알지 못합니다. 꼭 내 한 걸음 뒤에서 감시하듯 따라오는 발자국에 부끄럽지 않은 길을 가고자 했지만

한 날 한 날이 늘 서툴고 두려운 길이었습니다. 다만 손톱은 슬플 때 자라고 발톱은 기쁠 때 자라듯 어느 계절에나 내가 응시하던 시선엔 언제나 긴 손톱을 가진 사람들이 있었습니다.

2003년 대구 지하철 참사가 일어났을 땐 모든 것이 답답한 마음에 그 얘기는 제대로 말도 못했었습니다. 지하철 안전 관리와 사고 대응 시스템부터 사고 복구와 유족, 부상자 처리에 이르기까지 21세기에는 도무지 맞지 않는 이해하지 못할 구석이 너무 많은 사건이라 더 그랬는지도 모릅니다. 아마도 이런 일을 더 겪고 난다면 그나마 우리 사회에 남아 있는 털끝만큼의 관용조차도 사라지고 그 자리에는 나는 살아 있다는 안도와 망자에 대한 동정만 남을 거라 생각했습니다.

너무도 빨리 잔해를 모두 수거해 폐기처분한 쓰레기장에서 딸의 흔적을 찾아 헤매는 아버지의 눈물을 보았습니다. 그의 입을 통해서 "우리는 신원이 확인된 사망자 가족을 부러워하고 있습니다."라는 말을 들었습니다. 도대체 말이 안 되는 그 얘기를 딸의 사망을 증명하라고 윽박지르는 사람들에게 울먹이며 항의하시는 그분은, 그래서 딸의 사망을 증명하기 위해 그곳까지 온 실종자의 가족이었습니다. 아버지가 TV 카메라에 비춰준 사진엔 그날 아침 잘 다녀오겠다고 인사하고 대문을 나선, 생글생글 웃는 딸의 모습이 있었습니다.

TV를 본 후 곧바로 노래를 만들었고 정규 음반에도 실었습니다.

그러나 무대에서는 한 번도 불러보질 못했습니다. 최대한 감정이입 없이 담담하게 불러보려 몇 번을 연습했지만 그때마다 딸을 잃은 아버지의 슬픔과 먼 곳에서 가족을 그리워하는 딸의 고통스러운 외침이 내 몸을 흔들어 입을 열 수 없었기 때문입니다.

> 나는 이렇게 울고 있는데
> 너는 어찌 그렇게 천연덕스럽게 웃고 있니
> 엊그제 같았던 그날 아침
> 잘 다녀오마고 잘 다녀오마고
> 손 흔들며 집을 나섰던
> 너는 왜 소식이 없니
> 내 가슴 못질한 너의 웃음은
> 네 방의 졸업사진으로만 남긴 채
> 혹시라도 연락이 올까
> 잠들 때도 전화를 머리맡에 두고
> 행여나 어느 추운 곳에서
> 나 못 살겠다고 아빠가 그리워 더는 못 살겠다고
>
> 나 잘 있다고 말을 해주렴
> 그곳은 이별도 없고 고통도 없는 세상이라고

아빠가 보고 싶을 땐

꿈결로 올 거라고

그러나 잊지는 말라고

네가 아득한 어둠 속에서 숨 막히는 목소리로 전화를 할 때

살아야 한다고 내 곁으로 돌아올 거라고

수화기를 움켜쥐며 부서질 듯 울었는데

혹시라도 웃으며 들어올까

대문을 완전히 잠그지도 못하고

행여나 어느 추운 곳에서

나 못 살겠다고 엄마가 그리워 더는 못 살겠다고

나 잘 있다고 말을 해주렴

그곳은 이별도 없고 고통도 없는 세상이라고

아빠가 많이 보고 싶을 땐

꿈결로 올 거라고 그러나 잊지는 말라고

그러나 잊지는 말라고

말라고……

— 대구 지하철 참사를 기억하며, 〈편지〉, 이지상 작사·작곡

눈물 없이 어찌 사랑을 노래할 수 있을까

　　　　　　그보다 이태 전엔 내가 활동하는 시노래 운동 '나팔꽃' 동인들이 대학로 샘터에서 노랫상을 차려놓고 한 달에 한 번씩 시노래의 감동을 나눈 적이 있습니다. 날이 몹시 더웠던 7월의 어느 날 초대 손님으로 양희은 씨가 나오셨는데 거기서 《양희은 35주년 기념음반》에 수록된 노래를 처음으로 불렀습니다. 기타의 매력을 한 번의 아르페지오로 연출하는 연주자이자 작곡가인 김의철의 반주에 맞추어 그녀가 무대에서 곡 소개를 했습니다. "안도현 시, 이지상 곡, 사랑—당신을 위한 기도. 한 사람을 사랑하는 일이……."

　연륜의 매력이 그런 건지 처음 알았습니다. 노래가 흐르는 동안 팽팽한 긴장과 노래의 심연에 빨려 들어가는 감정선으로 숨 쉬기조차 힘들 정도였습니다. 그런데 클라이맥스로 가던 노래가 그만 뚝 끊겼습니다. "사랑으로 하여 못 견딜 그리움에 스스로 가슴 쥐어뜯지…….", 그러고는 몇 초의 시간이 흐른 뒤에 "다시 하겠습니다.", 그렇게 연주는 처음부터 다시 시작되었습니다. 처음으로 선보이는 노래라서 가사를 잊은 것 정도로 생각했습니다. 그러나 다시 부르는 그녀의 목소리에 눈물자국이 선명하게 그려져 있다는 것이 느껴지면서 진원지가 어딘지도 모르게 찾아오는 전율에 행복했습니다. 그녀의 눈물에 젖은 목소리 외에 아무것도 들리지 않았던 그 무대로 인해 관객들 모두는 "소금처럼 하얀 그리움"에 흠뻑 절여졌습니다.

__빈틈없는 동행
전봇대 두 대, 전깃줄 두 줄, 허구한 날 붙어먹을 새는 한 쌍.

한 사람을 사랑하는 일이 죄짓는 일이 되지 않도록
나로 인해 그이가 눈물짓지 않도록 상처 받지 않도록
사랑으로 하여 못 견딜 그리움에 스스로 가슴 쥐어뜯지 않도록
사랑으로 하여 내가 죽는 날에도 그이를 진정 사랑했었노라
그 말만은 하지 말도록 묵묵한 가슴속의 염원이도록
그리하여 내 무덤가에는 소금처럼 하얀 그리움만 남도록

― 〈사랑―당신을 위한 기도〉, 안도현 시, 이지상 작곡

소금처럼 하얀 그리움만 남도록

'일본군 위안부' 할머니들이 함께 모여 사시는 광주 '나눔의 집'에도 갔습니다. 1년에 두 번, 삼일절과 광복절 때만 방송에 나오는 '일본군 위안부' 할머니들의 얘기를 담은 노래 〈사이판에 가면〉을 들려드리기 위해서였습니다. 노래가 끝나고 나서 어떤 할머니가 그러셨습니다. "나도 요즘 신나는 노래 많이 아는데 왜 그리 슬픈 노래만 불러……." 달리 드릴 말씀이 없어서 쑥스러운 웃음으로 "근데 할머니는 왜 우셔요?" 그랬습니다. '참 죄송하지만 그게 지금 우리 세대가 기억해야 할 일인걸요.'라는 말은 너무 틀에 박힌 것 같아 말씀 못 드렸지만 아마 할머니는 아셨을 겁니다.

부안의 핵 폐기장 건설 반대 현장에서는 "호랑이 곶감보다 더 무서운 플루토늄 없는 세상"을, 이라크전 파병 반대 집회에서는 "석유가

그렇게도 좋더냐, 석유 마시고 살아라."를 노래했습니다. 새만금의 마지막 물막이 공사 때는 씨가 마르는 개펄의 줄임말로 "씨펄 씨펄"대기도 했고, 발달 장애우의 부모님들과는 "눈이 내리면 눈길 걸어가고 비가 오면 빗속을 걸어라. 살아간다는 것은 외로움 견디는 일"을 읊조렸습니다.

눈물 없이, 혹은 분노도 없이 어찌 사랑을 노래할 수 있을까라는 질문이 무척 당혹스러운 시대이긴 합니다만, 노래 한 부분이 두고두고 가슴에 남아 사나운 불꽃의 심지처럼 어느 외로운 이들에게 희망의 불길을 지펴주는 시대가 되었으면 좋겠습니다. 오지 않는 사람을, 오지 않는 세상을 기다리는 일, 그 숱한 시간 다가올 상처에 대한 두려움과 외로움을 견디는 것, 그리하여 긴 겨울을 건너와 싹을 틔우는 봄동 같은 희망의 씨앗이 그리움이라면 알겠습니다. 바람 스산한 초저녁 내장을 훑고 지나가는 '첫 잔의 전율' 같은 사랑의 노래가 내가 사는 굿진 세상과 그 속에서 땀 흘리며 사는 사람에 대한 그리움이라는 것을.

우리 동네 엽전들 이야기

　　몇 년 전 어느 공연장 대기실의 풍경입니다. 출연진들이 각자 리허설을 끝내고 주최 측이 마련한 도시락으로 저녁을 때우고 있었습니다. 공연 전의 긴장감 때문에 나는 밥을 먹는 둥 마는 둥 했는데 갑자기 옆방 대기실에서 큰소리가 나기 시작했습니다. 내용인즉슨 다른 출연자들은 도시락을 다 줬는데 왜 우리는 안 주느냐, 왜 우리를 푸대접하느냐를 따지는 것이었습니다. 그 방에는 외국에서 모셔온 대규모 예술단(A 예술단이라고 해두죠)이 자리하고 있었습니다. 주최 측은 A 예술단원 전체가 한꺼번에 식사를 하도록 하는 것이 좋을 듯한데 도시락 배달이 늦어지니 개인 출연자에게 먼저 드린 것뿐이라고 해명하고 A 예술단을 홀대한다는 생각은 전혀 하질 못했다고 정중하게 사과를 했습니다. 그럼에도 예술단을 인솔해 온 분은 분이 덜 풀렸는지 그 후로도 10분이 넘도록 큰소리로 항의를 하는 것이었습니다.

가뜩이나 공연 전에 먹는 도시락은 넘어가지도 않는데 그거 먼저 먹는다고 텃세 부린 꼴이 되었으니 다른 출연자들의 마음이 편할 리가 없었습니다. 내 옆에서 조용히 식사를 하시던 J 선생이 한마디 하셨습니다. "에이그, 저 엽전들. 조금 기다렸다 먹으면 되지 무신 대접을 받을라고 저 지랄이여? 쯧쯧." J 선생은 무대에서 충청도 사투리로 "아줌마, 희망 한 단에 을마유우?" 하시는 분인데 느릿하고 구수한 사투리조로 "에이, 엽전들……." 하니 웬 말이 그리도 정겨운지 나름 심각한 상황에도 모두들 킥킥대고 "넌 떠들어라, 난 밥 먹는다." 분위기가 되었습니다. 물론 공연도 성황리에 마쳤습니다.

엽전의 의미 참 거시기하다

'엽전들'이란 말은 내가 자란 동네에서는 지금도 참 많이 쓰는 용어입니다. 이 말은 전라도 사투리인 "거시기"처럼, 사용되는 범위가 엄청나게 넓어서 자신의 맘에 들지 않는 뭔가가 있는 사람, 혹은 집단에 두루 적용됩니다. 이를테면 작은 교통사고인데도 가해자가 물어내기 버거운 배상금을 요구하는 사람, 그저 섭섭하다 한마디 하고 웃고 넘어갈 일을 동네방네 시끄럽게 싸움 거는 사람, 조금 양보하면 될 것을 뭔 영화를 보겠다고 바득바득 우겨서 꼭 상대방을 이기고야 마는 사람, 다들 우리 동네에서는 "에그, 저 엽전……."

하고 비아냥대는 소리를 들어야 합니다.

　평소에는 소심하기 이를 데 없으면서 술만 먹으면 마누라 패는 사람도, 마을 사정을 뭣도 모르는 면서기가 와서 이래라저래라 왜 내 말 안 듣냐 언성을 높일 때도 다 엽전 소리를 듣습니다. 그런가 하면 좀 높아 보이는 치들에게는 오금 못 펴고 살살 기는 사람들에게도 이 표현은 적용됩니다. 마을 상갓집에 국회의원 후보가 오면(국회의원이 온 적은 한 번도 없습니다.) 일일이 악수시키면서 보좌관인 양 행세하는 사람, 군수가 보낸 근조 깃발을 두고 "내가 얘기해서 갖고 왔소." 하는 따위의 공치사를 하는 사람 등이 대표적인 케이스입니다. 그러고 보면 이 '엽전들'이란 말은 『허삼관 매혈기』의 "자라 대가리"처럼 찌질하고 궁상맞고 못난 것들이나 『완장』에 나오는 저수지 관리인 종술이처럼 서 푼짜리 벼슬을 조자룡의 헌 창인 양 휘두르는 어리석은 무리들, 또는 회장님 방귀 소리에 화장지 미리 갖다 바치는, 그야말로 알아서 척척 기어주는 딸랑딸랑 잔챙이 나리들의 능글맞은 웃음까지 모두를 포함하고 있습니다.

　아주 올드한 코미디 마니아셨던 분들은 배추머리 김병조 선생의 유행어를 기억하실 겁니다. "나가 놀아라아아아." 실제로 우리 동네에서 엽전 소리 들은 사람은 그 버릇 고칠 때까지 거의 나가 놀아야 합니다. 동네 사람들이 별로 상대를 안 해주기 때문입니다. 마을 사람들은 마을공동체가 지녀야 할 가치를 벗어난 사람들에게 "엽전"이란 굴레로 경고를 함으로써 자신의 오류를 바로잡도록 하는 것입니다.

"사랑하세요. 용서하세요. 그리고······"

　　　　　　　＿2009년 2월 16일 가톨릭의 정신적 지주인 김수환 추기경께서 선종하셨습니다. 험난했던 시대, 수많은 민초들의 비빌 언덕이었던 추기경의 선종은 많은 이들에게 슬픔을 주었지만, 그만큼의 희망도 안겨주었습니다. 소박했던 그의 삶, 더 소박하게 남은 통장 잔액, 그리고 안구와 장기 기증. 그가 이 생애 마지막으로 남긴 말은 "사랑하세요. 용서하세요."였습니다.

　봄날 물오른 아카시아 향기 속에 감추인 가시처럼 독하게 살아야만 하는 세상에 꽃향기가 가시보다 더 아름답다는 삶의 징표를 던져주신 겁니다. 40만의 추모객이 그의 선종을 가슴 아파했고 장기 기증 서약이 폭주한 걸 보면 세상이 그에게 얼마나 많이 의지했었는지를 알 수 있습니다. 추기경의 유언을 곱씹으며 나를 생각합니다. 살면서 나는 많이 사랑하지 못했습니다. 사랑해야 할 대상은 많았지만 그냥 머릿속에만 두었습니다. 가슴으로 안지 못했고 더더욱 내 더딘 발걸음을 사랑을 향해 움직이지 못했습니다. "세상에서 가장 먼 여행은 머리에서 가슴, 가슴에서 발."이라는 신영복 선생의 말씀에 견주어보면 나는 사랑에 서툴기 그지없는 초보 여행가였습니다. 용서도 많이 하지는 못했습니다. 진정한 용서의 의미가 무엇인지를 알지 못했던 것도 있지만 용서해야 할 대상이 그리 많지도 않았습니다.

오히려 내가 용서를 구해야 할 것들이 훨씬 더 많았던 것 같습니다. 살면서 얻었던 모든 것들이 다른 이들의 눈물을 훔친 것이 아닐까 싶어 노심초사할 때가 가끔 있습니다. 많은 능력을 소유한다는 것은 그 능력으로 인해 많은 사람을 다치게 할 수도 있다는 것의 반증이라는 것을 너무 늦게 알았습니다. "나의 사랑이 그대에게 고통이라면 나는 그 사랑을 포기하겠어."라는 노래를 몇 년째 붙들고 있지만 아직도 완성하지 못하고 있습니다. 나의 이익이 누군가에게 고통이라면 나는 그 이익을 포기하겠다는 고백을 아직도 스스럼없이 하지 못하니 내 삶의 어느 한 부분은 내가 알지 못하는 누군가의 희생에 의해서 만들어진다는 엄연한 사실도 다 받아들이지는 못하는 것입니다. 나의 이익이 타인의 기쁨이 되고 타인의 이익이 나의 기쁨이 되는 세상을 꿈꾸지만 용서를 향한 나의 발걸음은 여전히 더디기만 합니다. 하여 나는 추기경의 유언에 단 한마디가 덧붙여지지 못했던 것이 아쉽습니다.

"사랑하세요. 용서하세요. 그리고…… 용서를 구하세요."

다시 엽전들

___요즘 나가 놀아야 할 사람들이 참 많습니다. 자칭 "잃어버린 10년"을 회복하기에 바쁜, 무늬만 보수인 사람들의 도끼질은 그나마 힘들게 키웠던 민주주의의 뿌리조차도 남기지 않을 것

같은 맹렬한 기세입니다. 가장 폼 나는 완장을 차신 분은 마치 봉건시대의 독재 군주라도 되신 양 "짐이 곧 법이니 나를 거역지 말지어다."라는 정신으로 청와궁 중심의 세상을 만들기에 여념이 없으시고 그 아랫양반들은 그분의 비위를 거스를세라 눈치 보며 삽질 공화국을 건설하는 데 매진하십니다. 이 나라 완장 차신 분들의 든든한 후원자이신 재벌 회장님은 다른 나라에선 150년 형을 받아 마땅할 법한 중범죄를 저지르시고도 감옥 한번 구경 안 하시고 가뿐하게 단독 사면 받으십니다. "좌파 적출"이라는 명분으로 행해지는 이념 공세와 개인에 대한 테러는 왕년의 서북청년단의 광기를 넘나드는 수준이고 솔솔 냄새나는 부패의 징조는 설사 난 아이 허리띠 졸라매듯 위태롭습니다. 온 나라의 완장을 '종술이'가 다 차고 있는 것 같은 착각에 빠질 정도이니 지금의 대한민국은 가히 '지록위마(指鹿爲馬)'의 나라, 엽전들의 천국이라 할 만합니다.

……용서를 구하세요

＿ 정치권과 시민사회 진보 진영의 민주 대통합 논의가 활발합니다. 각자의 지향이 다르다면 굳이 만나지 않고 서로의 일에 열중하면 됩니다. 그러나 지금의 대의민주주의 체제에서는 선거 승리만이 엽전 소리를 잠재우는 유일한 해답이라는 것을 다들 잘 알기에 총론의 합의는 대략 만들어진 것 같으나 각론의 입장들을 조율하기

가 쉽지 않습니다. 지금까지 많은 선거가 있었습니다. 각 선거마다 단일화에 성공해서 성과를 올린 경우도 있고 또 실패한 경우도 있습니다. 시민들의 요구는 아주 간단하고도 명확합니다. 고작 한 표를 행사하기에 여러 사람에게 나누어드릴 수는 없으니 한 분만 후보로 나오라는 겁니다. DJ는 선거 승리를 위해서 한때 자신을 죽이려고 했던 세력의 수장과도 손을 잡았습니다. 통 큰 민주 대통합이라면 굳이 선거의 후보 단일화가 안 될 것도 없습니다.

"괴물과 싸우는 사람은 그 싸움 속에서 스스로도 괴물이 되지 않도록 조심해야 한다."는 괴테의 조언이 아니더라도 엽전을 치우려다 스스로 엽전이 되어버리는 꼴을 다시 볼 수는 없습니다. 선거가 끝나고 나는 '엽전들 니들이 하는 일이 다 그렇지.' 따위의 자조 섞인 독백을 하지 않았으면 좋겠습니다. 가장 옳다고 생각하는 자신만의 길인 '입장(立場)'이 타자에 대한 배려를 망각한 지점에서 바로 '엽전'으로 가는 직항로는 시작된다는 사실을 우리는 기억해야 합니다. 염소새끼 외나무다리에서 만나듯 서로 대가리 디밀고 버티다가 결국 둘 다 개울에 빠지는 이런 부류의 인간형이 우리 동네 '엽전들'의 최고수이기 때문입니다.

나도 그처럼 할 수 있을까

지하철 6호선 응암역 근처엔 작은 공원이 있습니다. 주 도심처럼 복잡하기야 할까마는 명색이 역세권이라 큰 아파트도 몇 동 있고 높게 지은 상가도 있으니 그곳을 지나는 사람들이 잠시 쉬어가기엔 부족함이 없는 공간입니다. 으레 역 주변이 그렇듯 과일이며 채소를 파는 승합차도 있고 낮술에 취한 노인네들 다투는 소리도 들리고 근처에 있는 병원 생활이 답답해 밖으로 나온 환자도 있습니다. 누군가 망해서 나간 자리에 새 꿈을 안고 입주한 상가에서는 아치형 풍선 아래서 현란한 몸짓으로 가게를 홍보하는 아가씨들이 있고 그 앞으로 남학생들 몇몇이 킥킥 웃으며 지나갑니다. 대형마트로 장 보러 가는 엄마는 솜사탕을 먹고 싶어 하는 아이의 손짓을 모른 체하지 못하고 리어카 앞에서 잠깐 실랑이를 하기도 합니다. 다들 열심히 삽니다.

"별다른 걱정 없다. 이렇다 할 고민 없다. 별일 없이 산다."고, "내가 이렇게 사는 줄 안다면 너는 깜짝 놀랄" 거라고 너스레 떠는 가수(장기하와 얼굴들)와 나를 빼놓고는 세상의 모든 사람들은 다 별일 있이 사는 것 같습니다.

그 공원에는 유난히 별일 있어 보이는 사람이 있습니다. 능글맞은 말투와 표정으로 지나치는 사람들의 행색까지도 살피며 "신문 한번 보시라구."라는 말을 간첩 접선 시도하듯 전하는 신문 판촉요원입니다. 내가 좋아하는 신문을 구독하라고 청하는 사람이라면 캔커피라도 하나 사주며 수고하신다고 맞장구치겠지만 그 양반은 꼭 이른바 보수신문만 팝니다. 처음에는 못 봤지만 몇 번 지나치며 보니 그의 손에는 봉투가 여러 개 들려 있습니다.

바로 눈앞에서 봉투를 흔들면 가지런히 펼쳐진 배춧잎사귀 몇 장이 부채가 되어 무더운 여름날, 그 맞기 힘들다는 돈바람 쐬어줍니다. 영 달갑지 않으니 시원할 까닭도 없지만 나야 그렇다 치고 동네 아줌마 몇 분은 그사이에 홀딱 넘어갑니다. 이유야 어찌 됐든 단돈 10만 원 변통하기도 어려운 요즘 세상에 언놈이 그와 같은 돈을 공짜로 하사한단 말입니까. 그 정도 돈이면 두어 달 치 아이의 급식비를 낼 수 있고 매일같이 사달라고 졸라대는 아이의 메이커 신발 값을 반쯤은 댈 수 있고 매월 말 한숨 쉬는 만큼 빠져나가는 공과금의 몇 분의 일쯤은 충당할 수 있으니 늘 빠듯한 규모의 삶을 사는 아줌마들에게 그 거부

_사람의 길
누군가 저 길을 내려놓았다.

하기 어려운 유혹은 아이의 고사리 손에 쥐어준 솜사탕보다 더 달콤한 것이겠습니다. 그가 나에게 접근해온다면 나는 단 한마디 말로 불쾌한 흥정을 거부할 수 있습니다. "나 한겨레 보는 남자야!" 그러나 그와 나는 단 한 번의 대화도 하지 않았습니다. 그가 나의 정체를 알아봤거나 내가 그를 에둘러 피해갔거나…….

홍세화 선생이 가르쳐준 한 가지

한겨레 기획위원인 홍세화 선생은 『한겨레』, 『한겨레21』 구독신청서를 꼭 들고 다닙니다. 최근에는 『르몽드 디플로마티크』 편집인 직책을 맡았으니 구독신청 용지가 세 장입니다. 수없이 다니는 강좌의 말미에는 꼭 그 용지를 들이밀고 구독신청을 받는데 풍부한 학식과 경험에서나 나오는 그의 열강에 감동한 사람들은 예의 선한 웃음과 함께 건네는 구독용지를 거부하지 못합니다. 얼마 전 '인권연대 후원 감사의 밤' 뒤풀이 자리에서도 그는 용지를 들고 테이블을 돌며 구독신청을 받고 있었습니다. 누가 봐도 진보적 일간지의 기획위원이자 세계적으로 유명한 잡지사의 편집인이며 더군다나 환갑을 훌쩍 넘긴 나이인 그가 해야 할 일은 아닙니다. 시민사회단체의 행사에 이름 새겨진 화환 좀 돌리고 열심히 하는 후배들 어깨나 도닥거리고 무슨 무슨 단체의 이사쯤으로 이름 올리고 회의는 바빠서 못 가거나 1년에 한 번 얼굴 비추고 가끔씩 생기는 지면에 "요즘 세상이

어째……" 류의 칼럼 몇 자 적으면 충분히 어르신 대접 받을 연배임에도, 그는 여전히 현역 언론인으로 발품을 팔고 있습니다. 줄을 세우면 보이지도 않을 새카만 후배 언론인도 하지 못하는 그 험한 일을 그는 아무렇지도 않게 하고 있는 것입니다. 그에게 구독신청서를 적어서 돌려주는 사람들의 표정도 모두 밝습니다. 기쁜 일 함께 나눠주어서 고맙다는 표정입니다. 나도 그랬습니다. 꽤 비싼 『르몽드 디플로마티크』 정기구독을 신청하면서 나도 저분처럼 나이 들어갔으면 좋겠다는 생각을 했습니다. 감사한 마음.

"프랑스에 『폴리틱스』라는 주간지가 있는데 말이지요. 그 사람들 독자 관리하는 게 우리와는 사뭇 달라요. 아주 질겨요. 자기들 밥줄이 어디서 나오는지를 명확히 아는 거지요. 근데 질겨도 우리 조중동처럼 돈으로 처바르는 짓은 안 해요." 대학생 인권학교에서 만난 홍세화 선생이 나에게 잠깐 들려준 프랑스 잡지의 예는 무척 흥미로웠습니다. 『폴리틱스』라는 잡지는 독자가 구독을 완전히 끊기까지 여섯 차례 편지를 보낸다고 합니다. 정기구독 만료 2개월 전, 1개월 전에는 "귀하의 구독 기간은 언제까지입니다.", 보름 전에는 "연장을 안 할 시에는 결호가 생깁니다.", 구독이 끝나는 시점엔 "귀하에게 『폴리틱스』라는 잡지가 더 이상 의미 없는 것입니까?"라는 다소 신파적 메시지가, 구독 만료 이후에도 두 달 치를 무료 공급하면서 다시 한 번 "아직 생각이 바뀌지 않으셨습니까?"라는 편지를 보낸다고 합니다. 그리고 마지막으로 "그동안 구독해주셔서 감사합니다.". 그 잡지는 광고를 싣지 않는다고 합니다. 순전히 독자들의 구독료로만 운영해야 하니 독자 한 사람 한 사람이 소중한 것입니다. 구독료야말로 잡지를 꾸려가는 사람들의 생계인 것입니다.

한겨레는 왜 판촉하면 안 되나?

___어수룩하지만 나도 몇 장의 음반을 만들었습니다. 대학 강의도 하고 에다가와 조선학교 지원 모임을 만들어 모금도 했습니다. 내 밥줄은 음반을 구입해준 청자들이고, 학생들이 수강신청을 부족하지 않게 해주니 대학에서 받는 월급의 근원은 학생들입니다. 7억여 원이 넘는 모금에 참여해준 사람들 덕분에 '에다가와 조선학교 지원 모금'이라는 단체는 목적을 이룰 수 있었습니다. 그러나 나는 내 밥줄인 그 사람들에게 살갑게 다가가지 못했습니다. 음반 구입 방법을 물어오는 이에게는 인터넷에서 대충 검색해 찾아보라는 말밖에 못했고 새로운 강의 내용에 대한 학생의 의견을 무시했습니다. 게다가 공연이나 강연을 의뢰하는 이들을 까칠한 요구로 곤란하게 만들었으니 살아야 할 인생의 절반을 넘긴 나이에도 나는 아직 내 밥줄에 대한 진정성이 부족한 것입니다.

보수언론 판촉요원의 불쾌한 유혹을 보면서 진보적 의제를 표방하는 신문은 왜 그러면 안 되나 싶을 때가 있습니다. 물론 그들이야 만 원짜리 몇 장의 호객 행위로 신문 시장을 왜곡시키지만 그럼에도 '별일 많이 있게 사는' 보수언론 판촉요원의 열성을 내가 선호하는 신문에서 볼 수 없는 것은 무척 아쉬운 부분입니다. 공동체의 성공을 꿈꾸는 진보적 일간지의 모든 기자가 호주머니에서 정기구독 신청서를 꺼내는 장면을 상상합니다. 이 정권 들어서 생긴 재정 악화로 고민하는 시민사회단체 활동가의 가방에 수북이 모아둔 회원가입 신청서를 상상합니다. 참 좋은 일입니다. 나도 이참에 음반 몇 장씩 들고 다니며 여기저기 들이밀까 합니다. 물론 홍세화 선생처럼 폼 나지는 않겠지만.

달콤한 꿈, 꼭 이루어야 할

그 친구의 기타

　　　　　그 친구의 기타가 무릎 위에 가지런히 누워 있습니다. 기타의 지판은 가야금을 타듯 그의 왼손이 누르고 둥그런 울림통은 무릎의 먼지 털어내듯 오른손이 줄을 긁습니다. 그는 바다를 한 번도 보지 못했고 태어난 태백의 탄광촌조차도 어슴푸레한 기억으로만 남아 있습니다. 그는 글씨를 써본 적이 없습니다. 연필을 손에 쥘 때쯤 몸에 열이 오르더니 앞이 보이질 않았습니다. 병원엔 가본 적도 없으니 왜 눈이 멀었는지 알 수도 없습니다. 그가 기타를 가야금 타는 자세로 연주하는 건 기타 치는 사람을 본 적이 없기 때문입니다.

　자신의 머릿속에 궁그는 소리를 방 안에 굴러다니는 기타로 한 음 한 음 엮으니 노래가 되었습니다. 그의 겨드랑이 사이로 기타의 울림

___꿈은 이루어진다
뿌리까지 시린 벌판. 견딜 만은 하신지. 기다린다, 저 안개 걷힐 날.

통을 넣고 왼손과 오른손의 위치를 옮긴 다음 "기타는 이런 자세로 치는 거야."라고 아무리 얘기해도 그는 듣지 않았습니다. 그러나 사실 내 기타 소리보단 그의 소리가 훨씬 좋았습니다. 그와 함께 있을 땐 그의 기타에 맞춰 노래를 불렀는데 누군가의 반주에 내 노래가 실린 건 그때가 처음이었습니다.

그가 늘 지나다니는 길목엔 육교가 있었습니다. 나는 그가 육교가 아닌 그 밑의 차도를 횡단하는 걸 몇 번 본 적이 있어서 그때마다 "자꾸 그러다 큰 사고라도 나면 어쩔 거야." 화난 듯 심드렁한 말투로 따져 물으면 "대낮에 눈 달린 사람들이 그걸 못 보겠어?" 합니다. "경찰이 무단횡단 딱지 끊으면?" 하고 물으면 "못 봤다고 하지 뭐. 봐, 난 진짜 봉사거든." 하면서 깔깔 웃습니다.(봉사라는 말은 그가 자주 쓰는 말입니다.)

그는 시각장애인들의 거의 유일한 생계 수단인 안마를 하지 않았습니다. 우리가 헤어질 즈음부터 그는 할머니와 함께 폐지를 주우러 다녔습니다. 수년이 지난 후 어느 지하철역에서 여전히 낭랑한 그의 목소리를 들은 적이 있습니다. 하지만 그 순간 나는 내 목소리를 그에게 들려주지 못했습니다. 학생운동 과정에서 가진 원칙과 믿음 속에서 나는 늘 분주히 허둥댔고 그와의 짧은 만남조차 더 쪼갤 수 없는 시간적 부담이었던 것입니다. 그러나 "모로 가도 서울만 가면 된다."라는 말은 좋은 결과를 위한 과정의 부당함을 정당화시키는 게 아니라 오히려 과정의 다양함을 말한다는 걸 이해하게 되면서, 그를 외면했던 짧은 순간이 가슴 한구석에 돌처럼 놓여 있습니다. 어떤 형식과 원칙에도 제약받지 않는 그의 기타 소리가 그리워진 것입니다. 가야금 타듯 무릎 위에 올려놓은 그의 기타에 내 노래를 맡겼던 날들을 생각합니다.

세월이 가면 가슴이 터질 듯한 그리운 마음이야 잊는다 해도
한없이 소중했던 사랑이 있었음을 잊지 말고 기억해줘요
　　　　─〈세월이 가면〉, 최명섭 작사, 최귀섭 작곡, 최호섭 노래

삼양동 빨랫골 언덕 위에 자리 잡은 한빛 맹학교 음악실에서 목청껏 소리 높여 이 노래를 불렀던 그날의 희남이. 20여 년이 훌쩍 지난 지금도 사랑이 말라가고 있다고 생각되는 어느 날 소리 없이 들려주는 그의 기타 소리에 나는 가끔씩 깜짝 놀랍니다.

꿈은 이루어진다

　　　　김재용 씨가 있습니다. 뇌성마비 장애인 축구 국가대표의 골키퍼이자 한국 장애인 축구연맹의 사무국장입니다. 짐작하시겠지만 뇌성마비 장애 5급인 그는 축구를 할 때마다 몸이 남아나질 않습니다. 공이 아무리 막기 쉽게 들어와도 서서 걷어내는 법이 없습니다. 늘 넘어지면서 공을 막습니다. 다리가 불편한 그가 자칫 실수라도 해서 골을 허용하면 큰일이기 때문입니다. 무릎이 깨지고 팔꿈

치가 벗겨집니다. 재용 씨뿐만 아니라 함께 경기를 하는 일곱 명의 선수들이 다 그렇습니다. 잘 펴지지 않는 팔을 흔들고 가누기 힘든 머리를 곧추세우다 마음이 앞서 넘어지고 먼저 굴러가는 공을 차지하기 위해 뛰다가 몸을 세워줄 두 다리가 말을 듣지 않아 심하게 부딪힙니다. 그러나 그들은 언제나 웃습니다. 부상을 당해 그라운드 위에 몇 분을 누웠다가도 다시 벌떡 일어나 상대방의 골문을 향해 돌진합니다.

　효용의 최대치를 인간의 가치로 보는 세상에서 그들은 늘 찬밥입니다. 능력이라는 언어로 포장된 효용이라는 잣대는, 알을 많이 얻기 위해 좋은 사료를 공급받는 양계장의 닭과 똑같은 방식의 삶을 인간에게 요구합니다. 무한 경쟁체제의 또 다른 말인 효용성 중심의 세계에서, 그 안에 갇힌 모든 것들은 볏 색깔이 점점 바래져가는 줄도 모르고 알 낳기에 열심인 양계장의 닭처럼 자신의 생산력에 감탄하며 경쟁에서 살아남는 법을 자랑스레 설파합니다. 재용 씨나 그의 동료들은 말을 무척 더디게 합니다. 말 한마디를 하려면 온몸을 비트는 노력이 필요합니다. 나는 그들보다 훨씬 빠르게 공을 잡을 수 있습니다. 그러나 단 한 번도 내가 뛰는 발소리를 느껴보지 못했고 그들이 보여주는 혼신의 힘을 다한 한 걸음의 의미를 알지 못합니다. 나는 1분에 책을 몇 페이지씩 읽을 수 있지만 어느 누구에게 진정한 삶의 언어 단 한마디를 전하지 못했습니다. 그들이 온몸을 비틀며 전하고자 하는 그 단 한마디의 진정성이 나에게는 없는 것입니다. 효용이 인간의 기준인 세상이 아니라 삶의 진정성이 기준인 세상이라면 그들만큼 훌륭한 시대의 스승은 없습니다.

　김재용 씨가 속해 있는 뇌성마비 장애인 축구단 '곰두리 사랑회'의 응원가를 만든 적이 있습니다. 장애인 축구단을 만들고 20년이 넘는 동안 유지시켜온 신철순 감독이 몇 년 전부터 노래를 하나 만들어달라 부탁하셨는데, 워낙 게으른 내가 노래 만드는 일에 진척이 없자 어느 날 숙제라며 봉투를 하나 내미셨고 거기에 감독님이 직접 쓴 노래 가사가 들어 있었습니다. 신철순 감독은 조광래, 서정원 등 이름만 대면 다 아는 축구인을 길러내셨고 여자 국가대표 축구단의 초대 감독까지 지내셨으니 평생을 축구만 알고 살아오신 분입니다. 그런 분이 가사까지 써 주셨는데 더 이상 지체했다가는 크게 실망하실 것 같아 서둘러 노래를 만들었습니다. 물론 감독님의 가사를 다소간 고쳐야 했습니다만.

　　　우리들의 뜨거운 뜨거운 가슴 위엔
　　　광활한 대지를 불사르는 정열이 있고
　　　우리들의 빛나는 빛나는 두 눈 위엔
　　　거치른 대양의 파도를 넘나드는 꿈이 담겼다

　　　처음처럼 함께 달리는 푸른 잔디 위에선
　　　어둠에서 빛으로 희망을 품는 삶으로

꿈은 이루어진다 꿈은 이루어진다
태양보다 더 뜨거운 별빛보다 찬란한
꿈은 이루어진다 꿈은 이루어진다
이 세상의 모든 희망은 우리들의 것이다

힘들었던 시간을 헤쳐 나온 그대여
정직한 두 발로 대지를 딛는 나의 사람이여
기억에서 저 멀리 고통을 밀어내고
함께 열어갈 새날을 꿈꾸는 나의 사람이여

처음처럼 함께 달리는 푸른 잔디 위에선
승리하는 삶으로 세상을 품어나가자

꿈은 이루어진다 꿈은 이루어진다
태양보다 더 뜨거운 별빛보다 찬란한
꿈은 이루어진다 꿈은 이루어진다
이 세상의 모든 승리는 우리들의 것이다

— 〈꿈은 이루어진다〉,
신철순·이지상 작사, 이지상 작곡, 박성환 밴드 노래

애당초 '삶의 진정성'이란 말이 "기회가 없는 자유라는 악마의 선물"(노엄 촘스키)을 무차별적 공약으로 내던지는 특별한 사람들의 지위를 엄호하는 수사에 불과한 세상, 악어의 눈물처럼 가식과 위선으로 가득 찬 세상의 효용성 앞에서 내 친구의 기타 소리는, 온몸을 던지는 재용 씨의 진실된 삶의 모습은 어떤 의미를 지닐까를 생각합니다. 정말 그들의 꿈은 이루어지는 것일까요? 우리가 함께 꾸는 꿈이 '기회가 없는 자유'라는 악마의 선물이 되지 않기를 나는 오늘도 꿈꿔봅니다.

철 지난 영화의 마지막 대사 하나를 적습니다.

어느 날 제자가 잠에서 깨어나 슬피 울고 있었습니다.
그 모습을 본 스승이 물었습니다.
"무서운 꿈을 꾸었느냐?" "아닙니다."
"슬픈 꿈을 꾸었느냐?" "아닙니다."
"그럼 무슨 꿈을 꾸었느냐?" "달콤한 꿈을 꾸었습니다."
"그런데 왜 그리 슬피 우느냐?" "그 꿈은 이루어질 수 없기 때문입니다."

— 영화 〈달콤한 인생〉에서

버스 정류장에 서 있으마. 첫차는 마음보다 일찍 오니

학교로 통하는 모든 문이 봉쇄되었습니다. 정문 앞 사거리는 전경을 실어 나르는 닭장차의 주차장이 되었고 골목마다 두터운 진압복과 방패 곤봉으로 무장한 전경들은 드나드는 학생들의 가방을 뒤적였습니다. 불심검문을 거부한 여학생은 머리채를 휘어잡히기도 했고 가방에서 사회과학 세미나 문건이라도 발견된 학생들은 마치 도둑질하다가 현행범으로 잡힌 사람처럼 전경들의 손에 닭장차로 끌려 들어가 심한 취조를 받기도 했습니다. 한 무리의 백골단이 길거리의 한쪽을 점거하고 그들만의 거룩한 의식을 악에 찬 기합소리와 발 구름으로 위세하는 사이로 학생과 시민들은 어깨를 잔뜩 움츠리며 걸었습니다. 1990년 전국농민회총연맹를 결성하고 우루과이 라운드에 반대하는 연합 공연 〈우리는 진짜 농사꾼〉을 열기로 예정되어 있던 경희대 앞의 풍경입니다.

원천봉쇄를 뚫고 그가 노래 부르다

　　　　　　　　　　노천극장은 썰렁하다 못해 을씨년스러웠습니다. 행사에 참여하기 위해 전국에서 모여든 농민들은 학교 입구 곳곳을 지키고 있는 전경들의 원천봉쇄를 뚫지 못하고 학교 주변을 맴돌았고 행사에 필요한 장비를 실은 차량도 정문을 통과하지 못해 음향, 조명은 물론 무대조차도 세우지 못한 상태였습니다. 관세 및 다자간무역협정으로 대책 없이 밀려들어올 외국산 농수산물의 수입을 막기 위해 가을걷이도 포기하고 상경한 농민들은 '우루과이 라운드'에는 절대 참여하지 않겠다던 노태우 정부의 말이 거짓이었음을 자식 같은 전경들이 휘두르는 곤봉으로 실감하고 있었습니다.

　출연자도 거의 들어오질 못했으니 행사가 시작되어야 할 시간이 임박했음에도 노천극장엔 공연 스태프와 전농 관계자 몇몇, 그리고 나 같은 학생들만 두리번거리는 정도였습니다. 총학생회에서 쓰는 집회용 앰프가 설치되고 연극 동아리에서 급히 수집한 조명이 초라한 불을 밝혔습니다. 농민들의 울분에 찬 함성으로 시작해야 할 공연은 마땅한 깃발 하나 없이 100여 명의 관객들만 옹기종기 모여 앉은 가운데 약식으로 진행되었습니다. 전농 의장의 발언이 끝나고 그날 출연자 중 유일하게 원천봉쇄를 뚫고 들어온 그가 기타를 메고 나왔습니다.

　"맞벌이 영세서민 부부가 방문을 잠그고 일을 나간 사이 지하셋방에서 불이 나 방 안에서 놀던 어린 자녀들이 밖으로 빠져 나오지 못하고 질식해 숨졌다. 불이 났을 때 아버지 권씨는⋯⋯."

　신문에 난 조각 기사를 읽는 것으로 시작한 그의 노래가 절정에 이르러 어린 두 영혼이 슬픔 없는 먼 곳으로 떠나며 "엄마, 아빠, 안녕."이라는 말을 남길 때쯤 나는 목메어 부르는 그의 노랫소리보다 더 슬픈 눈물을 흘려야 했습니다.

⋯⋯
젊은 아버지는 새벽에 일 나가고 어머니도 돈 벌러 파출부 나가고
지하실 단칸방엔 어린 우리 둘이서
아침 햇살 드는 높은 창문 아래 앉아
방문은 밖으로 자물쇠 잠겨 있고 윗목에는 싸늘한 밥상과 요강이
엄마 아빠가 돌아올 밤까지 우린 심심해도 할 게 없었네
낮엔 테레비도 안 하고 우린 켤 줄도 몰라
밤에 보는 테레비도 남의 나라 세상
엄마 아빠는 한 번도 안 나와, 우리 집도 우리 동네도 안 나와
조그만 창문의 햇볕도 스러지고 우린 종일 누워 천장만 바라보다
잠이 들다 깨다 꿈인지도 모르게 또 성냥불 장난을 했었어

배가 고프기도 전에 밥은 다 먹어치우고
오줌이 안 마려운데도 요강으로

__내가 그린 그림은…… 금단의 땅

우린 그런 것밖엔 또 할 게 없었네. 동생은 아직 말을 잘 못하니까
후미진 계단엔 누구 하나 찾아오지 않고. 도둑이라도 강도라도 말야
옆방에는 누가 사는지도 몰라
"어쩌면 거긴 낭떠러지인지도 몰라."

성냥불은 그만 내 옷에 옮겨 붙고 내 눈썹 내 머리카락도 태우고
여기저기 옮겨 붙고 훨훨 타올라 우리 놀란 가슴 두 눈에도 훨훨
"엄마 아빠, 우리가 그렇게 놀랐을 때 엄마 아빠가 우리와 함께 거기
있었다면."
방문은 꼭꼭 잠겨서 안 열리고 하얀 연기는 방 안에 꽉 차고
우린 서로 부둥켜안고 눈물만 흘렸어
"엄마 아빠 엄마 아빠."
……

—〈우리들의 죽음〉, 정태춘 작사·작곡·노래

〈우리들의 죽음〉은 가난한 복학생의 스산한 자취방의 노래였고, 땅을 잃은 농민의 분노이기도 했으며, 새벽 시장으로 향하는 고단한 노동자의 지친 발걸음이기도 했습니다. 내가 보았던 그의 공연 중 가장 초라했던 그날의 무대. "모든 예술의 감동의 최고치는 눈물이다." 라는 고 조태일 시인의 말을 그의 노래를 통해 확인했으니 그는 나에

게 노래라는 가장 진중한 화두를 선사한 셈입니다. 이후 그즈음 발표된 《아! 대한민국》에 수록된 모든 곡들은 시도 때도 없이 흥얼거리는 나의 애창곡이었고 교내 행사의 주요 레퍼토리가 되었습니다. 후배들과 함께하는 세미나에는 〈우리들의 죽음〉을, 뒤풀이 때는 〈인사동〉이나 〈황토강으로〉를, 이듬해 많은 이들이 청춘을 불살라 민주주의의 거름이 되고자 했을 때는 〈일어나라 열사여〉를 불렀습니다.

중얼가요, 그 많은 얘기들

　　　　　　　　　＿중학교 1학년 때 처음 잡은 기타가 손에 익을 무렵엔 〈촛불〉과 〈시인의 마을〉의 기타 연주법을 채보하는 게 일이었습니다. 3핑거 주법으로 연주하는 〈시인의 마을〉은 들을수록 오묘해서 카세트테이프를 돌리고 또 돌려도 귀에 들어오지 않았습니다. 늘어진 테이프에서 나오는 소리를 잡아 헤진 바짓가랑이 바느질하듯 한 음 한 음 기타 지판에 옮겨 어느 정도 구색이 갖춰진 음악이 되었을 때는 이미 정리된 악보를 보고 연습한 〈로망스〉나 〈알함브라의 궁전〉을 완주했을 때보다 더 큰 포만감을 느꼈습니다. 90년대 중반쯤 호암아트홀에서 그들 부부의 공연이 열렸을 때 관객들 중 그의 모창을 제일 잘하는 사람 뽑기 이벤트를 한 기억이 있습니다. 상품이 별게 없어서(?) 나가진 않았지만 한때 나도 그와 똑같은 목소리를 낸 적이 있습니다. 군대 시절 삽질 작업 중 휴식시간이나 식사 후 쉬는 시간엔 고참들이 내 옆

에 모였고 나는 그때마다 "소리 없이 어둠이 내리고 길손처럼……." 을 읊었습니다. 한 소절이 채 끝나기도 전에 고참들은 "저 시키 똑같다, 똑같애." 하며 키득대곤 했는데, 지금 생각해보면 그들은 내 노래가 좋았다기보다 내 모창이 더 좋았던 겁니다. 복학 후 노래패 대표를 맡았을 때 후배 여학생들이 불러달라고 청한 노래도 〈서해에서〉, 〈실향가〉, 〈애기 2〉 등등 그의 노래가 대부분이었으니 아마도 내게 그의 노래는 히트곡 아닌 것이 하나도 없지 않았나 싶습니다.

내 음악의 장르가 무엇이냐를 질문 받을 때가 많습니다. 그냥 포크라고 하기엔 뭔가 부족하고 마땅히 할 말이 없어서 '중얼가요'라고 대답합니다. 스스로는 내가 '중얼가요'의 창시자라고 얘기하지만 내 음악적 전력으로 볼 때 '중얼가요'의 효시는 그가 맞습니다.

학전 대표인 김민기 선배의 초청으로 구동독의 반체제 가수이자 '투덜가요'의 대명사인 볼프 비어만이 공연을 한 적이 있습니다. 공연이 끝나고 김민기 선배와 그, 그리고 지인들 몇몇과 내가 학전 옆 카페에서 커피를 마셨는데 마침 세계의 포크음악에 대한 얘기가 나온 터라 나는 그의 음악이야말로 세계적인 포크라고 말했고 그는 무슨 그런 헛소리를 하느냐, 그런 소리 말라고 정색을 했습니다. 무안해서 그 뒤로는 별 말 없이 지냈지만, 세계 포크음악사에 그의 음악이 오르지 않는다면 그 음악사는 거짓일 거라고 여전히 믿고 있습니다.

다시 첫차를 기다리며

───용산참사가 나고 쓸쓸한 마음을 한잔 술 외에 달리 해결할 방법이 없던 날, 다시 그의 노래를 들었습니다. 새벽을 여는 햇살을 쳐다볼 틈도 없이 악다구니 같은 하루의 일상 속으로 바쁘게 뛰어가는 민초들의 모습을 그는 절절히 읊어내고 있었습니다.

그가 〈리철진 동무에게〉를 끝으로 사회적 파장을 담은 노래와 발언을 하지 않겠다고 한 이유를 나는 잘 알지 못합니다. 그러나 그는 기다리는 사람, 끝없는 기다림의 막막함도 희망으로 엮어내는 사람임을 알고 있기에 언젠가는 그의 노래를 들을 수 있을 거라는 막연한 생각을 했습니다. 노래 한 곡 하기 전 발언이 15분이어도 좋은 그의 무대가 몹시 그리워진 작년 늦가을, 그는 가수 데뷔 30주년을 기념하는 공연으로 다시 무대에 섰습니다. 그가 사회적 발언 중지 선언 이후 비상구로 삼았다는 사진으로, 공방을 내도 괜찮을 정도로 숙련된 가죽공예로 만나지 않고 가난한 사람들의 삶과 새로운 날들의 기약을 담은 노래로 만날 수 있다는 게 얼마나 반가웠는지 모릅니다.

해마다 12월이면 성공회대 대학원의 '신영복 함께 읽기' 수강생들이 신영복 선생과 함께하는 종강 모임을 콘서트 형식으로 엽니다. 두 해 전쯤 그가 출연했는데 공연의 축하 인사와 그의 소개를 김성수 당시 성공회대 총장이 맡았습니다.

"여러분 제가 다음 분 소개할게요. 이분은 말이지 국보 같은 가수지요. 아니 아니 '같은'이 뭐야, 그냥 국보지요, 국보. 여러분 잘 아시는 정태춘 선생을 소개하겠습니다."

객석을 가득 메운 청중들은 긴 함성과 오래도록 울리는 박수 소리로 그를 맞이했습니다.

꽃 피우다 날 저물지라도
나팔꽃의 노래

시인은 시를 쓰고 작곡가는 곡을 쓰고

시인이 가수와 함께 노래 부르는 것

아니면 가수들이 시를 쓰고 시인들이 노래 부르는 것

그렇게 해서 시의 정신과 노래의 몸이

시의 몸과 노래의 정신이 만나 하나가 되는 것

그렇게 한 몸이 된 시와 노래가 많은 사람들의 가슴을 적시고

때로 힘차게 고동치면서

조용히 또는 뜨겁게 울려 퍼지는 것

— '나팔꽃' 북시디《아무도 슬프지 않도록》발문에서

흔히들 하는 얘기라 생뚱맞을지도 모르지만 시와 노래는 본디 한 몸에서 나왔다는 말 잘 아시지요? 고등학교 시절 교과서에 별표 무한 대로 표시하며 달달 외웠던 "홍진에 뭇친 분네 이내 생애 엇더한고"(「상춘곡」)나 "강호에 병이 깁퍼 듁림에 누엇더니" 하던「관동별곡」같은 가사류까지는 생각하지 않더라도 "청산리 벽계수야"나 "동창이 밝았느냐" 등등의 시조, 혹은 싹수 노란 십대들의 사랑 타령 〈춘향전〉이나 쪽박 차고 다니다 대박 터트린 정력 좋은(?) 촌부 이야기 〈흥부전〉 같은 판소리를 떠올린다면 금세 수긍하시리라 여겨집니다.

이 외에도 시가 노래였다는 증거는 한참을 읊고 또 읊어도 지면이 부족할 만큼 많이 있습니다. "얄리얄리 얄라셩" 후렴구가 기가 막힌 〈청산별곡〉, 가끔씩 개그맨들의 우스갯소리로도 쓰이는 "아으 동동다리"의 〈동동〉, 고려시대 사내들의 여인네 꼬시기 작업(?) 방법이 제대로 적혀 있는 〈쌍화점〉 등도 다 노래였고 아주 고대로 확 올라가면 자살극을 배경으로 하는 〈공무도하가〉, 동양의 절세미녀 수로부인에 얽힌 이야기 〈헌화가〉, 300여 명의 군중들이 합창을 했더니 하늘에서 여섯 개의 알이 내려와 6가야의 왕이 되었다는 전설을 담은 〈구지가〉도 노래였고, 잘 아시듯 서동이 선화공주를 꼬시려고 부른 〈서동요〉, 역신과 바람난 마누라의 불륜현장을 포착하고 어깻죽지에 참을 인 자 새기는 심정으로 부른 〈처용가〉도 다 노래였습니다.

중국의 고전 『상서(尙書)』에 나오는 "詩言志歌永言(시는 뜻을 말하는 것, 노래는 그 말을 길게 늘이는 것)"이라는 말이나 서정시를 뜻하는 영어 Lyric의 어원인 Lyre가 악기를 뜯으며 노래한다는 뜻인 것만 봐도 동서양을 막론하고 시와 노래는 늘 같은 공간에 존재했었다는 걸 알 수 있습니다.

나팔꽃이 노래하는 이유

'나팔꽃'이라는 시노래 운동 동인이 있습니다. 시인들이 시를 쓰고 음악인들이 곡을 붙이고 친절하게 감상까지 곁들인 북시디까지 발매하고, 공연도 꽤 많이 하고 다니는 사람들의 모임입니다. 몇 년 전 북시디 1집《아무도 슬프지 않도록》을 내면서 동인 중 가장 학구파에 속하는 도종환 시인이 당시 10만에서 100만 장의 판매고를 올린 대중가요 가사를 분석해서 실었습니다. 그 분석 내용을 한마디로 정리하면 "사랑아! 네가 떠나서 나는 운다."입니다. 웬 놈의 사랑, 이별은 그리 많은지 외로움도, 그리움도 한낱 소위 '움직이는' 장난 같은 사랑의 가벼운 부속물에 지나지 않고 시대적인 고민의 흔적은 전혀 없으며 궁핍하기 짝이 없는 소재를 극복하려는 듯 비문법적인 표현, 다듬어지지 않은 문장이 너무 많다고 적었습니다. 그때는 코요테의 〈실연〉이란 노래가 한창 날리고 있었고 H.O.T가 살아 있는 시절이긴 했지만, 대중가요의 지형이 크게 바뀌지 않았다고 보면 지금도 그 같은 현상은 계속 되고 있겠지요.

'나팔꽃'의 시노래 운동은 이러한 문제의식에서 출발했습니다. 또 다른 자본 축적 수단이 된 노래에 빼앗긴 원래 노래의 시심(詩心)을 회복하고, 우리 언어의 아름다움과 깊이를 확인하며, 동시대를 사는 이들의 해학과 풍자, 삶의 고민과 눈물들을 표현하기 위해서 말입니다.

굳이 옛날처럼 노랫말이 다 시여야 한다고 강변하지 않지만, 80년대 우리의 가슴을 울렸던 민중가요의 시심처럼 시대성이 꼭 있어야 한다고 우길 순 없지만, 그래도 우리들의 사랑과 이별은 좀 더 가슴속 깊은 곳에서 울리는 진동이었으면, 우리들 일상의 그리움도 단지 혓바닥 끝의 넋두리보다는 심장의 두근거림에서 기인한 눈물이었으면 하는 바람으로 꾸준히 활동하고 있습니다.

외로우니까 사람이다

__ 다들 바쁘다는 소리만 하면서 부산하게들 살고 있지만 정작 왜 바쁜지 돌이켜볼 여유도 가질 틈 없는 요즘, 저는 누구에게라도 혹시 외우고 있는 시구절, 힘들 때 위로받을 수 있는 말 한마디 가슴에 담고 있냐고 물어봅니다. 의외로 아는 시인의 이름도, 외우고 있는 시 한 편도 없는 분들이 많다는 것에 놀라기도 합니다. 시 한 편 가슴에 담고 산다는 건 참 행복한 사치일지도 모릅니다. 어디 있는 줄도 모르는 시노래 찾아다니는 시간이 무모할지도 모르구요.

그래도 가끔씩 "물이 깊어야 큰 배가 뜬다. 얕은 물에는 술잔 하나

뜨지 못한다."(〈깊은 물〉, 도종환 시, 백창우 작곡·노래)나 "외로운 사람들은 어디로 가서 해마다 첫눈으로 내리고 오늘도 그댈 사랑함보다 기다림이 행복하여라."(〈또 기다리는 편지〉, 정호승 시, 류형선 작곡, 유익종 노래) 같은 구절을 흥얼거리는 게 큰 힘이 될 수 있으리란 생각은 해봅니다. "님이라는 글자에 점 하나를 찍으면" 하는 노래도 좋지만 "소낙비는 오지요. 소는 뛰지요. 바작에 풀은 허물어지지요. 설사는 났지요. 허리끈은 안 풀어지지요. 들판에 사람들은 많지요."(〈이 바쁜 때〉, 김용택 시, 김현성 작곡·노래) 같은 노래를 하는 게 더 폼 나지 않을까요?

첫 마음 같은 눈발은 내리지 않습니다. 그러나 잠시의 기쁨과 그 기쁨보다 훨씬 많은 기다림이 공존하는 겨울을 건너는 우리들의 발걸음에 손톱 같은 휴식이 주어진다면 아직도 첫눈을 기다리는 마음으로 이 노래를 들려드리고 싶습니다.

그대 울지 마라, 외로우니까 사람이다
살아간다는 것은 외로움 견디는 일
공연히 오지 않는 전화를 기다리지 마라
눈이 내리면 눈길 걸어가고
비가 오면 빗속을 걸어라
갈대숲 속에 가슴 검은 도요새도 너를 보고 있다
그대 울지 마라, 외로우니까 사람이다

가끔씩 하느님도 눈물을 흘리신다

공연히 오지 않는 전화를 기다리지 마라

산 그림자도 외로움에 겨워

한 번씩은 마을로 향하며

새들이 나뭇가지에 앉아서 우는 것도

그대가 물가에 앉아 있는 것도

그대 울지 마라, 외로우니까 사람이다

살아간다는 것은 외로움 견디는 일

공연히 오지 않는 전화를 기다리지 마라

그대 울지 마라

—〈외로우니까 사람이다〉, 정호승 시, 이지상 작곡

시노래 운동 '나팔꽃'

'나팔꽃'은 1999년 봄, 시인 김용택, 정호승, 도종환, 안도현, 유종화, 정일근, 나희덕, 정희성과 음악인 백창우, 김원중, 배경희, 김현성, 홍순관, 류형선, 이지상, 이수진 등이 모여 만든 시노래 모임이다. 1집《아무도 슬프지 않도록》, 2집《제비꽃 편지》, 3집《너를 향한 이 그리움은 어디서 오는지》와 중학교 교과서 수록 시에 붙인 노래들《내가 사랑하는 사람》등의 북시디를 발간했다. 서정적이고 치열한 시 정신과 진지하고 열정적인 노래 정신을 깊이 있는 울림으로 전하기 위해 전국을 누비고 있다.

사람의 중심은 아픈 곳입니다

수챗구멍에 떨어진 파 조각을 거두며

___ 밤참을 먹으려고 라면 물을 올려놓고 파를 썹니다. 일정한 간격으로 잘게 썰리는 비취색의 파뿌리가 참 곱습니다. 칼질이 서툴러서일까요? 가끔씩 싱크대 수챗구멍으로 튕겨 나가는 놈들이 있습니다. 저걸 건질까 말까 잠시 고민하다가 칼질을 멈추고 수챗구멍에 떨어진 파 조각 몇 개를 건져 올립니다. 세상 어느 것 하나 가치 없는 것 없다고, 눈앞의 먼지 하나, 매일 빠지고 또 생겨나는 머리카락 하나에도 그 의미가 있을 거라는 사소한 자연의 이치를 그냥 한번 흉내 내어 보는 겁니다. 내가 끓이는 라면 그릇에도 섞이지 못한다면 파 한 조각이 지녀왔을 존재 의미가 산산조각 나버리는 건 아닌지, 숨은 자책이 조금은 깔려 있습니다. 사실 내가 보내고 있는 짧은

시간 시간의 조각이, 또 늘 내 발뒤꿈치에서 한 치의 오차도 없이 나를 따라오는 발자국 한 걸음 한 걸음이, 내가 버린 파 조각처럼 쓸데없는 존재가 되어버리는 건 아닌가 하는 작은 애정이 내가 건져 올리는 파 조각 속에 있습니다. 작은 것 하나를 허투루 다루지 않는 일, 그래서 아주 작은 나로 그냥 머물러 있는 것도 꽤나 의미 있는 일임을 깨닫는 일. 가끔씩 라면을 끓이면서 느끼는 소중한 교훈입니다. 그래서 도마 위에서 튕겨 나간 파를 주섬주섬 주워 끓인 라면은 더 맛있습니다.

파리는 괜찮습니다   심층 생태학자이자 작가인 조안나 메이시가 어느 여름날 티베트에서 겪은 이야기입니다. 메이시는 현지 불교신자들과 회의를 하면서 공예품 생활조합을 만들기 위한 계획을 통과시키는 데에 열중하고 있었습니다. 그때 파리 한 마리가 찻잔에 빠졌는데 메이시는 대수롭지 않게 건져내 버리면 된다고 생각했지요. 그런데 곧장 파리를 건져내지 못하고 머뭇거린 모양입니다. 이 모습을 본 초에갈 린포체라는 열여덟 살의 라마승이 메이시 쪽으로 몸을 구부리며 무슨 일이냐고 물어왔습니다. 메이시는 아무 일도 아니라고, 그저 찻잔에 파리가 빠졌다고 대답했지요. 초에갈이 여전히 걱정스러운 눈빛으로 바라보자 메이시는 자기가 걱정되어서 그러는 줄 알고 아무렇지도 않다고 거듭 말하며 찻잔을 옆으로 치웠습니다. 하지만 스님은 계속 걱정스러운 표정을 짓던 끝에 메이시의 찻잔에 손을 넣어 조심스럽게 파리를 건져내더니 방을 나갔습니다.

회의는 다시 진행되었고 메이시는 회의에 집중하기 시작했습니다. 얼마 후 다시 방에 들어선 초에걀의 얼굴은 웃음으로 가득했습니다. 초에걀은 메이시에 다가가더니 파리가 괜찮을 거라고 조용히 말해주었습니다. 스님은 흠뻑 젖은 파리를 문밖에 있는 잎이 무성한 나뭇가지에 내려놓고 파리가 날갯짓을 할 때까지 지켜보았다고 설명하고 이제 곧 파리가 날아갈 수 있을 거라면서 메이시를 안심시켰답니다.(『세상에 나쁜 벌레는 없다』, 조안 엘리자베스 록)

100명 중에 가장 재산을 많이 가진 한 명에게 1000원을 주고 나누라고 한다면 가장 가난한 한 명이 가질 수 있는 돈은 얼마가 될까요? 계산이 안 되지만 0.0000001원쯤 될 겁니다. 현재 우리 사회가 당면하고 있는 빈부 양극화의 모습을 보면 금방 알 수 있습니다. 대한민국 제일가는 부자라는 삼성의 이건희 회장의 재산과 마이너스 통장 몇 개에 집을 저당 잡힌 우리 시대 서민 가장의 재산은 비교할 수 없을 만큼 큰 간극이 있습니다. 그러나 거꾸로 100명 중 가장 가난한 한 명에게 1000원을 줄 필요도 없이 1원을 준다고 가정해보면 그보다 부자인 나머지 99명은 최소한 1원 이상씩은 다 가지게 될 겁니다. 현재 국민기초생활보장법이 정한 4인 가족 최저생계비를 136만 3091원(2010년 기준)에서 200만 원쯤으로 올리면 기초생활 수급자보다 소득이 많

__가난의 기행
또 얼마나 많은 이들이 종착지 없는 가난의 기행을 떠날 것인가.

은 모든 가구는 분배의 사회적 기준에 의해 200만 원보다 높은 소득 수준을 유지할 수 있다는 것입니다.

    노약자와 장애인 들의 이동에 편의를 제공하기 위해 지하철에 엘리베이터를 놓았습니다.(아직 충분치는 않습니다만) 순전히 그들을 위한 장치이지만 반드시 노약자와 장애인만 그것을 이용하진 않습니다. 출근길에 지각한 직장인도, 큰 배낭을 멘 여행객도, 유모차를 끌고 나들이 나온 아기 엄마도 다 이용할 수 있습니다. 집도 절도 없이 거리를 헤매는 노숙인들에게 단칸방 집 한 채를 제공하면 그 땅에 사는 모든 사람은 몸 누일 집 한 채씩은 가질 수 있게 됩니다. 거기에 소요되는 예산은 국가가 책임집니다. 많은 이들이 어려울 거라고 생각하지만 서구 유럽 대부분의 나라는 지금의 우리나라보다 훨씬 못살 때부터 그렇게 해 왔고 국민의 삶의 질을 담보할 복지 예산은 점점 늘려가는 추세입니다.

　요즘 들어 한 명의 천재가 수천만 명을 먹여 살린다는 말을 많이 듣습니다. 재벌이 돈을 더 많이 벌어야 중소기업, 서민 경제의 선순환이 일어난다는 이른바 '트리클 다운' 이론을 빗대어서 하는 말이겠지만 소위 "잃어버린 10년"이라고 일컬어지는 1997년 이후 10년 동안 가계 소득 증가율은 물가 상승분을 포함하면 거의 제자리걸음인 연평균 2.4퍼센트인 데 반해 기업 소득 증가율은 18퍼센트를 웃돈다는 한국은행 통계치를 보면, 가계와 기업 간의 소득 양극화가 심해지는데도 기업 우선의 성장 정책을 중심에 둔다는 것이 우리 서민들에게 얼마나 독이 되는지를 짐작할 수 있습니다.

　평화 운동가이자 사진작가인 이시우 씨는 "사람의 중심은 아픈 곳"이라고 했습니다. 새 구두가 맞지 않아 발뒤꿈치가 벗겨지면 아물기 전까지는 그 상처를 가장 많이 신경 쓰게 됩니다. 무릎이든 어깨든 어디 한군데라도 아프면 모든 생활은 그곳을 보호하는 데 맞추어집니다. 손톱 밑에 큰 가시가 박힌 사람이 당장 병원에 가야 할 돈으로 멋을 내기 위해 매니큐어를 사진 않습니다. 두통이 심해 고개를 들 수 없는 사람이 약국에 가지 않고 모자 가게를 먼저 가진 않습니다. 가장 많이 신경을 써야 하는 곳이 아픈 곳입니다. 아픈 곳은 가장 약한 곳이기도 합니다. 사람의 중심이 이럴진대 사회의 중심도 아픈 곳, 약한 곳이어야 함은 당연한 것입니다. 한 번만 돌아보면 감싸고 보듬어야 할 상처가 곳곳에 널려 있는 우리 사회에서 정부가 오히려 상처 입은 이들의 붕대 값마저 빼앗아 건장한 청년의 레저 신발을 사서 신기는 일에 쓴다면, 자신의 생명을 포기하고 치료비로 술을 사서 마시는 간암 환자처럼 국가의 운영 주체로서의 역할을 포기하는 것과 다르지 않습니다.

경찰은 그들을 적으로 생각하였다. 20일 오전 5시 30분, 한강로 일대 5차선 도로의 교통이 전면 통제되었다. 경찰 병력 20개 중대 1600명과 서울지방경찰청 소속 대테러 담당 경찰특공대 49명, 그리고 살수차 4대가 배치되었다. 경찰은 처음부터 철거민을 사람으로 생각하지 않았다. 한강로 2가 재개발 지역의 철거 예정 5층 상가 건물 옥상에 컨테이너 박스 등으로 망루를 설치하고 농성 중인 세입자 철거민 50여 명도 경찰을 사람으로 생각하지 않았다. 대신 최후의 자위책으로 화염병과 염산병, 그리고 시너 60여 통을 옥상에 확보했다. 6시 5분, 경찰이 건물 1층으로 진입을 시도하자 곧바로 화염병이 투척되었다. 6시 10분, 살수차가 건물 옥상을 향해 거센 물대포를 쏘았다. 경찰은 쥐처럼 물에 흠뻑 젖은 시민을 중요 범죄자나 테러범으로 생각하는 듯했다. 6시

45분, 경찰특공대원 13명이 기중기로 끌어올려진 컨테이너를 타고 옥상에 투입되었다. 이때 컨테이너가 망루에 거세게 부딪쳤고 철거민들이 던진 화염병이 물대포를 갈랐다. 7시 10분, 망루에서 첫 화재가 발생했다. 7시 20분, 특공대원 10명이 추가로 옥상에 투입되었다. 7시 26분, 특공대원들이 망루 1단에 진입하자 농성자들이 위층으로 올라가 격렬히 저항했고 이때 내부에서 벌건 불길이 새어 나오기 시작했으며 큰 폭발음과 함께 망루 전체가 화염에 휩싸였다. 물대포로 인해 옥상 바닥엔 발목까지 빠질 정도로 물이 흥건했고 그 위를 가벼운 시너가 떠다니고 있었다. 이때 불길 속에서 뛰쳐나온 농성자 3, 4명이 연기를 피해 옥상 난간에 매달려 살려달라고 외쳤으나 아무도 그들을 돌아보지 않았다. 그들은 결국 매트리스도 없는 차가운 길바닥 위로 떨어졌다. 이날의 투입 작전은 경찰 한 명을 포함, 여섯 구의 숯처럼 까맣게 탄 시신을 망루 안에 남긴 채 끝났으나 애초에 경찰은 철거민을 사람으로 생각하지 않았으며 철거민 또한 그들을 전혀 자신의 경찰로 여기지 않았다.

─ 〈경찰은 그들을 사람으로 보지 않았다〉, 이시영 시, 이지상 작곡

소수자를 위해야 하는 이유

어느 봄날 밭을 갈아 상추를 심었습니다. 모종을 옮기고 며칠이 지나니 대부분의 상추 모는 뿌리를 내렸는데 유독 하

나가 시들시들해집니다. 봄 햇살 따갑게 내려쬐는 날 반 바가지밖에 없는 물을 들고 어디에다 줄까 생각하다가 나는 다른 것처럼 튼실하게 자라주길 바라는 마음으로 시들시들한 상추 모에 제일 먼저 물을 줍니다.

"미운 놈 떡 하나 더 준다."는 속담에서 미운 놈은 자신에게 피해를 준 나쁜 사람을 뜻한다기보다는 공동체에 적응하지 못하는 소수자(minority)를 의미한다고 봐야 합니다. 100명 중 가진 게 있어 평범하게 사는 여럿이 아니라 가장 가진 게 없어 피눈물 흘리는 몇 명을 가리킨다고 볼 수 있습니다. 누구의 이해와 도움이 없이는 정상적으로 활동을 할 수 없는 이들에게 떡 하나 더 얹어주어 그 사회의 주체로 세워야 한다는 공동체적 인식과 합의를 우리 조상들은 "미운 놈 떡 하나 더 준다."는 속담으로 표현했던 겁니다. 파리의 생명조차 소중히 여겼던 초에갈 린포체의 마음은 그녀가 알고 있는 모든 생명에게 적용됩니다. 수챗구멍에 빠진 파 한 조각을 건지는, 찻잔에 빠진 파리의 생명을 걱정하는 사람의 손길에서 아픈 곳을 반드시 중심으로 삼아야 생존할 수 있는 사회의 모습을 봅니다. "환자 만 명에게 약을 써서 세 명만 듣는다면 그것을 약이라 할 수 있는가."라던, 2500년 전 춘추전국시대 묵자의 탄식을 온전한 9997명을 놔두고 병이 난 세 명을 위해 약을 추렴하는 지혜로 바꾸어야 합니다. 사회 또한 미운 곳, 약한 곳, 작은 곳, 아픈 곳이 중심이기 때문입니다.

2부

우리는 사람이 사는 마을로 간다

가장 높은 곳에 있는 가장 낮은 사람
아직도 스물둘인 청년 전태일

때론 이런 날도 있겠다 싶었습니다. 해 저물 무렵 어느 시인의 말처럼 "산 그림자도 외로워서 마을로 향한다."는 낮과 밤의 또 다른 경계의 시간에 행여 흩어질세라 마음 다잡고 집으로 향하는 귀가 본능보다는 여전히 얼큰한 국물과 한 잔의 소주, 그리고 구수한 입담을 들려줄 친구를 찾는 저 같은 부류에게는 그다지 어울리지 않지만, 참 오늘 날씨는 좋았더랬습니다.

바다와 만나는 지점까지 훤히 보일 듯한 한강과 깊이의 끝을 한없이 감추는 파란 하늘, 더군다나 늘 휑한 내 가슴조차도 보듬고 지나는 당신의 손길과 같은 초여름 바람.

상쾌하기 그지없는 오후의 한때 나는 이대 앞의 골목을 걸었습니다. 오랜만에 뛰어보는 축구 경기를 마치고 난 터라 유난히 땀을 많이 흘린 것 같습니다. 몇몇의 상점에서 목욕탕이 어딘지를 묻고 한참을 헤맸지만 결국 못 찾았습니다.

골목 어디를 가도 빽빽하게 들어찬 옷가게들과 그 앞을 서성거리는 많은 사람들이 있었지만, 목욕비 단돈 4000원에 느긋한 휴식을 찾을 만한 곳이 그곳에는 없었습니다. 오늘 날씨는 무척 화창했지만 역시 세상은 그만 못했습니다.

자본의 축적만이 유일한 삶의 도구이자 목표인 세상에서 '더불어 산다'는 의미가 무엇일까를 고민할 때면 늘 떠오르는 얼굴, 청년 전태일의 모습을 왜 거기서 생각했는지 모르겠습니다. 한때 "드르륵 드르륵 미싱을 타고 꿈결 같은 미싱을 타고" 하는 노래를 입에 달고 다녔던 때가 있었습니다.

긴 공장의 밤 시린 어깨 위로 피로가 한파처럼 몰려온다
드르륵 득득 미싱을 타고 꿈결 같은 미싱을 타고
두 알의 타이밍으로 철야를 버티는
시다의 언 손으로 장밋빛 헛된 꿈을 싹뚝 잘라
미싱대에 올린다, 끝도 없이 올린다

떨려오는 온몸을 소름 치며 가위질 망치질로 다림질하는

아직은 시다 미싱을 타고 장군같이 미싱을 타고

갈라진 세상 하나로 연결하고 싶은 시다의 꿈

찬바람 부는 공단거리 휘청이며 내달리는 시다의 몸짓

파리한 이마 위로 새벽별 빛난다

― 〈시다의 꿈〉, 박노해 시, 김보성 작곡, 민족문화운동연합 노래

전태일, 그가 살아낸 청계천

어쩌면 또 다른 전태일에게 그의 차비를 털어 사주는 풀빵을 받아 들었을 어린 누이, 이따금 집에 내려와 내 손을 잡고 미싱사의 꿈에 대해 얘기해주던 누이의 목소리가 그 노래 속에는 정겹게 살아 있었습니다.

70년대 "종이 울리네, 꽃이 피네. 새들의 노래, 웃는 그 얼굴. 그리워라, 내 사랑아······. 아름다운 서울에서 서울에서 살렵니다." 하는 〈서울의 찬가〉(길옥윤 작사·작곡, 패티김 노래)가 힘차게 울려 퍼지는 바로 그 거리 한복판에서 하루 일당 70원에 15~16시간의 혹독한 노동에 폐결핵, 위장병과 각종 질환들을 앓다가 곧바로 폐기 처분되는, 춘향이보다 어린 여공들을 보며 스물둘 전태일이 느꼈을 분노와 참담함의 끝을 나는 헤아릴 수 없습니다. 언제나 춥기만 했던 고향, 나 떠나면 병들어 누우신 부모 모실 일이 암담해서 키우던 누렁이에게라도 부탁을 해야 했던 멀고 먼 서울 길.

__전태일 꽃
사람의 색깔로 타고나 넝마 같은 담장으로 달려드는 저 꽃.

이미 죽어버린 근로기준법과 노동 착취만 있었던 청계천에서 스물둘 청년 전태일이 흘렸을 눈물과 한숨의 깊이를 나는 가늠할 수 없습니다. 그러나 『전태일 평전』을 읽으면서 펑펑 울었다는 어느 중학생의 얘기를 전해 들으면서, 아니, 그보다 더 먼저 끝내 제 몸을 불살라 인간이라는 바위를 세상의 중심에 올려 세우려 했던 전태일의 숭고한 희생 속에 남겨진 그의 최후의 말, "엄마 배고파요."를 채 읽지 못하고 펑펑 울어야 했던 내 시절을 기억하면서 조금씩 '더불어 산다'는 말의 의미를 깨닫게 됩니다.

청계천 복원 공사가 한창 진행되던 몇 해 전 씁쓸한 마음으로 그곳을 지나가다 하마터면 아무 생각 없이 밟고 지나갈 뻔했습니다. "이곳은 영원한 노동자의 벗 청년 전태일이 1970년 11월 13일 노동자의 인간다운 삶을 위해 분신 항거한 곳입니다."라는 글귀가 새겨진 동판. 한참을 바라보는 동안에도 저처럼 그 동판에 관심을 가지는 이는 거의 없었고 몇몇은 그 위를 그냥 밟고 지나가기도 했습니다.

천만 노동자들의 인간됨을 향한 피울음 속에는 항상 그 이름이 높이 있었지만 그는 여전히 사람들의 발길 아래서 채이고 있었습니다. 청계천 복원 공사 중 슬그머니 파내어 내동댕이쳐진 그 동판 속에는 여전히 이 혼돈의 세상, 악다구니로 살아가는 청계천의 노점상들이 있고 그 가운데 복원 공사로 몸 둘 곳 잃은 소상인의 목멘 주검이 있습니다.

또 다른 전태일의 초상

　　　　　2005년 10월 1일에 개장한 청계천은 1년 3개월 만에 방문객 4000만 명이라는 초유의 대박을 터뜨렸습니다. 청계천 주변 대형 상가는 발 디딜 틈 없이 붐볐고 집값도 덩달아 상승했습니다. 복원 전 그곳에 터를 잡고 생계를 이어가던 노점상들은 근처 동대문 풍물시장으로 삶터를 옮겼지만 서울시의 방치 속에 손님이 뚝 끊긴 풍물시장은 청계천 노점보다 더 잔인한 곳이 되었습니다. 2006년 4월에 취임한 오세훈 서울시장은 '동대문 디자인 플라자&파크' 계획에 따라 생존권 보장을 요구하는 일부 농성자들의 외침을 묵살하고 2008년 4월 동대문 풍물시장의 890여 점포를 다시 철거, 신설동 옛 숭인여중 부지로 옮겼습니다.

　　삼성동 코엑스몰의 여섯 배, 여의도 63빌딩의 다섯 배 규모, 세상의 모든 것을 만나는 문화특구, 아시아 최대의 유통 허브로 불리는 장지동 '가든 파이브'는 애초 청계천의 영세한 점포 상인들이 자신의 터전을 내어주고 대체상가로 약속받은 곳이었습니다. 그러나 3.3제곱미터 당 5000만 원이 넘는 높은 분양가와 상권의 미비로 청계천 상인의 분양 계약률은 2009년 10월 현재 15.78퍼센트에 그쳐 있는 실정입니다.

　　"노동자들 삶이 33년 전 상황만큼 척박하다 할 수는 없을 것이다. 개발독재가 남긴 흔적이라 할 청계 고가와 복개 도로가 걷히고 옛 모습을 찾아가는 지금까지 노동자들의 자살과 과격 시위가 이어지는 것을 지켜봐야 하는 전태일의 영혼 역시 편치 못할지도 모른다."라고 전태일 죽음의 의미를 평했던, 할 말은 한다는 신문의 글은 위선입니다. 그의 죽음은 그가 세상을 버렸기 때문이 아니라 사회가 그를 버렸기 때문이라는 걸 그들도 너무 잘 알고 있기 때문입니다. 상생과 화해의 시대라고 일컫는 지금의 시대에도 여전히 겪고 있는 또 다른 전태일의 혼란은 아직도 그의 이름이 그를 죽음으로 몰았던 자본과 탐욕의 발밑에서 신음하고 있음을 의미합니다.

4대강, 기어이 저지르고 만

　한동안 논란이 되었던 '대한 늬우스'를 뒤늦게 보았습니다. 독재 정권의 민중 지배 방식이 반정부, 반체제 인사들에 대한 무차별적 테러, 세금제도를 통한 민중 재산의 강탈, 그리고 부당한 권력 행사를 합리화하기 위한 '세뇌'라는 레프 톨스토이의 지적(『국가는 폭력이다』)과 이명박 정부가 파시즘 초기와 유사하다는 리영희 선생의 말씀—인권연대 10주년 기념식 격려사—을 뒷받침할 만한 증거가 곳곳에서 나오고 있는 요즘, 현 정부의 최대 사업인 '4대강 살리기' 홍보 동영상이 제작되었다는 뉴스가 특별히 새로울 건 없었습니다. 그냥 무시하려다가 결국 보게 된 것은 문제의 동영상에 출연한 개그맨 양희성 씨 때문이었습니다. 애청하는 라디오 프로그램 중에 CBS-FM의 〈뉴스야 놀자〉가 있습니다. 양희성 씨는 노정렬, 강일구 씨와 함께 '정상토론 양양이 간다'라는 코너를 통해 시사 개그의 정수를 보여주는 몇 안 되는 개그우먼입니다. 그런 그녀가 자신이 늘 비판의 시선을 놓지 않았던 4대강 살리기 프로젝트 홍보에 나섰다는 것이 의아했고 '연예인이 다 그렇지.' 따위의 자조 섞인 푸념으로 그 프로그램과 멀어지려 할 즈음 그녀의 정식 사과 방송을 들었으니 도대체 문제의 홍보 동영상이라는 게 어떤 것인지 궁금하지 않을 수 없었습니다.

두 편에 걸쳐 제작된 홍보 동영상의 핵심 내용은 4대강 주변을 문화·휴식 공간으로 만든다는 것과 홍수, 가뭄에 대비한 물 관리를 효율적으로 한다는 것입니다. 그러나 국민들 중 뉴스나 신문을 보는 사람이라면 대부분 알고 있는 정부의 주장을 굳이 1994년에 폐지된 대한뉴스의 형식을 빌려 극장에서 상영하는 것이 합당한 일인지 21세기 시민의 머리로 이해하기란 쉽지 않습니다. 얼마 전 많은 이들의 가슴을 울렸던 독립영화 〈워낭소리〉의 최초 상영관이 일곱 개였던 것에 비해 1억 8000만 원의 비용으로 전국 190여 개의 극장에서 대한뉴스를 상영하는 추진력을 발휘하는 정부의 능력은 파격에 가깝습니다.

2009년도에 『뉴스위크』가 선정한 20세기 이후 최고의 도서는 톨스토이의 『전쟁과 평화』입니다. 제정 러시아를 살았던 위대한 작가, 세계가 다 아는 톨스토이가 파시즘의 전철을 밟고 있는 오늘의 한국 상황을 어찌 그리 정확하게 예언했는지 실로 놀라울 뿐입니다.

파지만 않으면 좋다

　　　　　　　＿경북 영주에서 안동으로 흐르는 내성천 지류를 따라 낙동강 마지막 나루터가 있었다는 삼강주막에 도착한 때는 5월 하순의 볕이 좋은 한낮이었습니다. 근사하게 복원된 주막 터에는 늦은 점심을 해결하기 위해 객들이 모여들었고 너른 강 언덕 위로는 몇몇의 연인들이 나누는 사랑의 밀어가 개망초 꽃술을 흔들었습니다. 멀리 강 건너편 미루나무 옆에서는 때 이른 고기잡이에 신이 난 듯한 사람들의 웃음소리가 들리고, 강을 가로질러 세워놓은 다리 아래 그늘에선 돗자리를 깔고 누워 평온하게 쉬는 가족이 보였습니다.

　　강변의 모래톱 위에 늦봄의 햇살처럼 흐드러진 발자국은 한 무리의 아이들이 장난을 친 듯하고 너구리인지 수달인지, 황새, 왜가리인지도 모를 짐승의 발자취도 선명하게 찍혀 있었습니다. 자갈과 작은 바위를 찰랑대고 넘나드는 강물에 발을 담갔습니다. 손마디만 한 송사리 떼가 발가락을 간질이고, 강바람을 등지고 선 무릎은 강물의 냉기에 시려왔습니다.

　　자전거 도로를 깔지 않아도, 시멘트로 만든 벤치를 놓지 않아도, 굳이 생태 박물관을 짓지 않아도 그곳은 이미 대자연의 너른 품으로 사람들을 받아들이고 있었습니다. 4대강 살리기 프로젝트의 핵심은 강바닥을 준설하는 것입니다. 내 무릎 아래에서 찰랑대던 강물이 수심 6미터의 거대한 호수가 되어 아이들과 짐승들이 놀던 금모래톱을 빼

앉고 가족이 돗자리 깔고 누웠던 강가의 평온한 휴식 공간을 빼앗는 것입니다.

> 나는 네게로 가고 너는 바다로 갔다
> 사랑한다, 사랑한다
> 손 내밀지 못하고 입 안에서만 궁글었던
> 그 숱한 날의 고백을 뒤로하고
> 더 많이 외로우면 더 많이 그리울 거라고
> 나를 등지고 사람의 마을을 등지고
> 홀로 울며 떠나가는
> 강아 강아,
> 내 마음의 강아
>
> — 〈내 마음의 강〉, 이지상 작사·작곡

4대강 사업에서 강바닥을 굴착하는 총 준설량이 5억 7000만 세제곱미터라고 합니다. 폭 100미터, 높이 10미터로 570킬로미터의 길이가 되는 양입니다. 경부고속도로가 약 420킬로미터이니 그보다 150킬로미터가 더 긴 길이입니다. 낙동강 구간에서만 굴착하는 준설량은 4억 4000만 세제곱미터로 폭 220미터, 높이 6미터로 330킬로미터를 쌓을 수 있는 엄청난 양입니다.

4대강 홍보 동영상에서 개그맨 김대희 씨는 아버지 역할로 나와 가뭄 때를 대비해 물 관리를 해야 한다고 말합니다. 아마도 강바닥 굴착을 통해 2011년도 예상되는 8억 세제곱미터의 물을 확보하겠단 얘기로 들립니다. 언뜻 맞는 말 같지만 유감스럽게도 낙동강 본류 주위 지역엔 물 부족 현상이 두드러지지 않습니다. 지난 봄 낙동강의 시원(始源)인 태백 지역에 심한 가뭄이 들었었고 백두대간을 따라 경북 영양, 봉화 같은 산간 지역도 해마다 가뭄에 애타는 농심이 있는 지역입니다. 그렇다고 낙동강 본류에 가둔 물을 태백, 봉화에 실어 나를 수는 없는 노릇입니다. 대구 지역에 확보된 낙동강의 물은 대구에서만 쓸 수 있습니다. 그렇다면 그 많은 물을 가둘 필요가 없는 것입니다. 혹 4대강 살리기 사업이 끝나고 또 다시 경제를 살린다는 명목으로 전국 어디에 있는 물이든 부족한 곳으로 옮긴다는 불가능한 가정을 실행에 옮길 생각이 없다면 이 이유는 타당하지 않습니다.

　같은 영상에서 아들 역으로 나온 장동민 씨는 4대강 사업이 홍수 대비를 위해 필수적이라고 합니다. 강바닥을 깊이 파면 홍수 때 강의 수위 조절이 용이하다는 말입니다. 맨땅이라고는 찾아보기 어려운 서울 변두리에 있는 우리 집 앞 하수도도 1년에 한 번은 막힙니다. 어디서 왔는지 모를 토사가 쌓이니 반상회비를 걷어서 뚫어주어야 합니다. 하물며 강바닥은 끊임없이 움직이는 모래와 자갈로 이루어져 있습니다. 홍수가 나면 높은 강바닥은 깎이고 낮은 강바닥은 메워집니다. 높은 사람은 더 높이 가고 낮은 사람은 더 낮은 곳으로 가야만 하는 이 시대를 사는 사람들의 삶과는 정반대입니다. 6미터 깊이로 강바닥을 훑는다 해도 토사의 근원인 강 주위의 산을 모두 깎아 없애지 않는 한 엄청난 돈을 들여 파낸 강바닥은 다시 메워질 겁니다.

막지만 않으면 좋다

　　　　　　　　　　＿＿초등학교 시절 여름철에 물놀이 하던 곳은 농업용수를 확보하기 위해 시멘트로 쌓아놓은 보(洑) 위였습니다. 가슴팍 위까지 물이 차올라 헤엄치기에 그만이었지만 가끔 수문을 열 때는 소용돌이에 휩말려 물귀신이 될 뻔한 적도 여러 번 있었습니다. 무릎까지 차는 여울에는 자갈이나 모래가 발바닥을 시원하게 했지만 보로 막은 개울 바닥은 진흙투성이여서 가능하면 발이 바닥에 닿지 않도록 헤엄쳤던 기억이 납니다. 폭이 약 30여 미터, 높이 1미터쯤 되는 그리 크지 않은 보였습니다.

　4대강 본류에 열여덟 개의 보가 들어선다고 합니다. 낙동강 본류에만 열 개의 보가 들어서고 강바닥을 6미터로 파내니, 수량을 보존하기 위해서 보의 높이는 대략 10미터쯤 될 겁니다. 내 고향에서 가장 큰 저수지의 둑 높이가 5미터가 채 안 되는 정도이니 강 폭 전체를 틀어막고 쌓아놓은 10미터의 시멘트 절벽은 댐이라고 해도 그리 틀리지 않습니다. 4대강 정비 구간인 안동댐 밑으로 약 35킬로미터에 하나씩 생기는 꼴이어서 낙동강 정비구간 330여 킬로미터는 거대한 계단식 호수가 열 개쯤 생기는 것입니다. 자연스러웠던 강의 흐름은 시멘트 돌 벽에 막혀 갈 곳을 찾지 못하고 여울과 계류는 사라지고 유속이 정체됨에 따라 그 속에 살던 수십여 종의 민물고기와 하천 습지, 식물 군락 서식지도 사라질 것입니다. 이명박 대통령은 대국민 방송 연설을 통해 임기 내 대운하를 추진하지 않겠다고 했습니다. 그렇다면 4대강 프로젝트의 핵심인 수심 6미터를 유지하는 이유가 무엇인지를 설명해야 합니다. 홍수에 대비하고 가뭄에 도움이 된다면 4미터면 어떻고 10미터면 어떤지. 또한 한강, 섬진강, 임진강, 만경강, 그 외의 많은 강들은 왜 그리 안 하는지도 설명해야 합니다. 아무리 생각해도 수심 6미터라는 수치가 2500톤급 배가 강을 왕래하는 최소 수심이라는 것 말고는 딱히 다른 이유가 없는 것 같아 대운하를 포기했다는 대통령의 발표를 여전히 믿기 어렵습니다.

    4대강 살리기 사업에 총 22조 원이 투입된다고 하고 그중에 40~50퍼센트는 강을 파내고 막는 비용으로 사용된다고 합니다. 그러나 많은 사람들은 강바닥 준설로 인해 파괴되는 환경자원과 댐 건설로 오염되는 강물을 어떻게 복원할 것인가를 걱정합니다. 새만금 물막이 공사가 끝난 지 채 1년도 안 되어 벌어졌던 환경 재앙을 국토의 젖줄인 4대강 유역에서 또다시 겪어야 한다는 절망 앞에서 절규에 가까운 구호를 토해냅니다. "강바닥을 파지 마라! 강줄기를 막지 마라!"

2009년 하반기부터 화려한 기공식과 함께, 혹은 소리 소문 없이 은밀히 시작된 4대강 유역의 대규모 토목 사업은 하루에도 몇 개씩의 뉴스를 생산해낼 만큼 문제가 끊이지 않고 있습니다. 30여 년을 가꾸어온 팔당의 비옥한 유기농 농토를 빼앗기게 될 농부의 원성이나, 50여 년 동안 대대로 골재 수송으로 생계를 유지했던 운반업자들의 볼멘소리가 그렇고, 생태계를 고려하지 않은 물(M), 불(B) 가리지 않는 사업 진행으로 팔뚝만 한 잉어들이 떼죽음을 당하고 강바닥의 오염 퇴적층인 '오니'가 대량으로 발견되는 것도 그렇습니다. 그러나 더 큰 문제는 이 사업으로 경기 회복을 노리던 정부의 의도와는 달리 몇 개의 대규모 건설사의 담합, 또는 대통령과 친분이 있는 특정 고교 동창생들의 나눠먹기 수주로 인해 최소 30조, 그 이상 얼마가 소요될지 모르는 막대한 세금을 제 식구 챙기기에 쓰고 있다는 의혹과 그 때문에 불편한 국민들의 심기일 겁니다.

내 마음의 강

___ 전장을 지휘하는 장수가 가장 두려워하는 것은 승산 없는 전투에 자신의 수족 같은 병사들을 보내는 것입니다. 그러므로 냉철하고 이성적인 판단과 때로 물러설 수 있는 지혜는 장수에겐 필수 덕목입니다. 외나무다리의 염소처럼 물러설 줄 모르는 불굴의 의지를 보이는 사람은 명령을 받은 일선 소대장이면 충분합니다. 그러

나 내 눈에는 오직 토건족들만을 살리기 위한 4대강 프로젝트에 "돌격 앞으로."를 외치는 장수들만 보입니다. 대통령을 포함한 정부와 여당에 속한 모든 사람과 조직이 여기에 매달려 있습니다. "돌격 앞으로."만 외치는 지휘관 휘하의 병사들은 이유도 모르는 죽음 앞에서 허망한 최후를 맞이합니다. 노랑부리백로가, 저어새가, 흰수마자나 얼룩새코미꾸리 같은 민물고기가 그 병사입니다. 강가의 버드나무도, 여울의 바위 틈새에 사는 꺽지도, 강둑 위를 거니는 연인들의 밀어도 이유 모르는 최후를 맞이할 것이고 강에 기대어 살았던 모든 생물들, 그 물을 들이켜고 살았던 사람들도 점차 사라질 것입니다.

"강이 없으면 사람도 없다."는 단순한 말이 가슴을 내리치는 요즘입니다.

아옌데와 노무현

아옌데

___1973년 9월 11일 오전 살바도르 아옌데는 칠레 군부 내의 모든 장교들이 쿠데타군에 가담해 있다는 사실을 확인하고는 조용히 이생에서의 마지막 연설을 준비합니다. 바로 한 달 전 자신이 군 총사령관으로 임명한 피노체트 장군이 쿠데타군의 수장이 되어 모네다 궁(칠레의 대통령궁)으로 탱크를 몰고 진격해오고 있다는 소식에 아옌데는 자신이 추구해왔던 이상적 사회주의의 꿈을 접어야 한다는 것을 직감합니다. 부인과 두 딸, 자신을 보위하던 정부군, 경찰병력을 대통령궁으로부터 피신시키고, 외롭고 쓸쓸했던 3년 동안의 집권 기간을 떠올리며 차근차근 연설문의 내용을 채워갑니다.

그는 선거를 통해 집권한, 세계 최초의 사회주의 정부인 칠레의

29대 대통령이었습니다. 집권 후 그는 '사회주의를 향한 칠레의 길(La via chilena al socialismo)'이라는 자신의 공약을 추진해나갔습니다. 광산과 은행, 그리고 운송 수단을 국유화하고 칠레의 빈민 노동자들에게 안정적 일자리를 제공하는 것이 일차적 목표였습니다. 교육과 의료 부문의 혁신을 단행하려 했고 굶는 어린이에게 최소한 하루 1리터의 우유를 제공하기 위해 노력했습니다.

그러나 그의 노력은 번번이 수포로 돌아갔습니다. 다수당이었던 보수 연합(기독교 사회당과 국민당)은 행정부가 제출한 법안의 전부를 부결시켰습니다. 아옌데가 임명한 장관들은 재임기간 한 달을 넘기지 못하고 해임당했습니다. 의회는 행정부의 장관 열네 명을 한꺼번에 해임하기도 했습니다. 대규모 사업의 국유화를 반대하는 세력들은 파업으로 맞섰고 그로 인해 물가는 치솟았습니다. 군부는 수시로 으르렁대며 정권을 위협했습니다. 그를 지지하는 노동자, 농민들의 시위가 모네다 궁 옆의 광장에서 매일같이 열렸지만 매판자본과 미국의 사주를 받은 군부, 또 매판자본에 매수된 노동자들의 반정부 시위와 파업도 하루가 다르게 강도를 높여갔습니다. 그렇게 3년의 시간이 흘러갔습니다. 아옌데 정부가 공약하고 실현하려 했던 수많은 정책들은 부르주아 기득권 세력의 반대에 부딪혀 휴지조각으로 변해갔습니다. 급기야 1973년 3월 선거에서 의회 다수당의 지위를 아옌데 정부에 넘겨준 보수 야당은 정부 전복 시나리오를 실행에 옮깁니다. 그해 6월 제1차 쿠데타가 실패한 이후 더욱 두터워진 미국의 적극적 지원하에 1973년 9월 제2차 쿠데타를 일으킵니다.

아직 쿠데타군이 장악하지 못한 국영방송 마가야네스를 통해 아옌데는 떨리는 목소리로, 그러나 당당하게 연설을 시작합니다. 그는 쿠데타군의 해외 망명 제의도 거절하고 지금까지 자신을 지지해준 칠레 민중의 영원한 대통령으로 남을 결심을 합니다.

"이번이 제가 여러분에게 말하는 마지막이 될 것입니다. 곧 마가야네스 라디오도 침묵하게 될 것입니다. 그리고 여러분에게 용기를 주고자 했던 나의 목소리도 닿지 않을 것입니다. 그러나 그것은 중요하지 않습니다. 나는 민중의 충실한 마음에 대해 내 생명으로 보답할 것입니다. 칠레 만세! 민중 만세! 노동자 만세! 이것이 나의 마지막 말입니다. 내 희생이 헛되지 않으리라 믿습니다. 역사는 우리의 것이며, 인민이 이루어내는 것입니다. 언젠가는 자유롭게 걷고 더 나은 사회를 건설할 역사의 큰 길을 인민의 손으로 열게 될 것입니다."

— 아옌데의 마지막 연설 중

20세기를 관통하는 가장 훌륭한 연설 중 하나로 손꼽히는 이 연설을 마친 뒤 살바도르 아옌데는 반란군의 총탄이 빗발치는 모네다 궁의 대통령 집무실에서 숨진 채 발견되었습니다. 그의 가슴에는 피델 카스트로로부터 선물 받은 AK-47소총이 얹혀 있었습니다.

쿠데타군의 탱크가 대통령궁을 향해 포격을 감행하던 그 시각, 위험천만한 산티아고의 시내를 가로질러 그날의 공연이 예정되어 있던 칠레 공과대학으로 향하는 한 사내가 있었습니다. 칠레 민중과의 신뢰를 자신이 가지고 있는 최고의 자산으로 여겼고 가난의 혹독함을 누구보다 잘 이해했던 천재 예술가, 이미 유언과도 같은 노래 〈선언(Manifiesto)〉을 통해 빈곤의 굴레에서 고통 받는 조국의 민중이 되어 '노동하는 기타'가 되기로 마음먹은 위대한 평화주의자, 노래하는 사람 빅토르 하라였습니다.

에스타디오 칠레 체육관에는 군부에 의해 사회주의자로 낙인찍힌 5000여 명의 인사들이 붙잡혀 왔습니다. 소총 개머리판과 군홧발로 짓이겨진 사람들은 모두들 남루한 복장에 죽음을 목전에 둔 담담한 눈빛을 서로 주고받았습니다. 이미 그들 중 여럿은 끌려오는 도로 한가운데서 총살을 당한 터였습니다. "이 자식이 바로 그 개 같은 가수 놈이지. 그렇지?" 길게 늘어선 줄의 한가운데 있었던 빅토르 하라를 한 젊은 장교가 발견했고, 그 후 그는 가슴에 총탄이 박히고 양 손목과 손가락이 부러진 채 그의 아내 조안 하라에 의해 시체 공시소에서 발견됩니다. "지금 노래를 해! 할 수 있다면 해보란 말이야." 총구를 이마에 대며 미친 듯 조롱하는 젊은 장교의 비열한 웃음 위에 그는 아옌데 정부 출범 당시 인민연합의 찬가였던 〈우리 승리하리라(venceremos,

벤세레모스))를 불렀고 에스타디오 칠레에 있던 군중들에 의해 거대한 합창이 되었습니다. 이것이 그가 남긴 최후의 노래였지만 조국과 민중에 대한 사랑과 죽음 당시의 절절함이, 그가 부른 끝나지 않은 노래가 되어 제3세계 민주주의를 갈망하는 수많은 사람들의 가슴속에 지금도 꿈틀거립니다.

> 여기 우리 5000명이 모여 있다
> 도시의 작은 이 부분 속에
> 우리는 5000명
> 여기만 해도
> 씨를 뿌리고 공장을 돌리는
> 만 개나 되는 손이 있는데
> 얼마나 많은 인간들이
> 굶주림과 추위, 공포와 고통,
> 정신적 학대와 폭력과 광기에
> 희생되고 있는 것일까
> ……
> 노래하기란 얼마나 어려운 일인가
> 공포를 노래해야 할 때에는
> 내가 살아 있다는 공포

내가 죽어간다는 공포

내가 보는 것은, 한 번도 본 적이 없는 것은,
내가 느꼈고, 지금 느끼고 있는 것들이
그 순간의 탄생이리라
　　　— 1973년 9월, 에스타디오 칠레에서, 빅토르 하라의 마지막 시

　제목도 정하지 못할 만큼 급박한 상황 속에서도 파시스트들의 잔학함과 억압받는 민중의 고통을 응시하던 그의 유작은 그곳에서 살아 나온 사람들이 한 구절 한 구절씩 외워 온 단락을 맞춰, 조안 하라의 역작 『빅토르 하라』에 담겨 있습니다.

노무현

　　　　　　　＿그는 꿈이었습니다. 이루지 못한 것, 이루지 못할 것을 그저 꿈으로만 소유하고 있는 모든 이들에게 '희망'의 존재가 사람을 어떻게 변화시키는지 몸소 보여준 사람이었습니다. 대한민국사(史)에서 가장 위대한 연설로 손꼽을 만한, 2002년 제16대 대통령 후보 시절의 연설은 '민주주의'의 의미를 깊이 각인케 했고 그와 함께 꿈꾸던 많은 사람들의 가슴을 울렁이게 했습니다.

"권력에 맞서 당당하게 권력을 한 번 쟁취하는 우리의 역사가 이루어져야만이 이제 비로소 우리의 젊은이들이 떳떳하게 정의를 이야기할 수 있고 떳떳하게 불의에 맞서는 새로운 역사를 만들어낼 수 있습니다."

— 노무현 전 대통령의 후보 시절 연설 중

 최소한의 밀월 기간을 두었던 국민의 정부와는 달리 그는 그를 반대했던 보수 야당과 언론의 조롱을 재임 초기부터 받아야 했습니다. 마치 "머슴이나 해야 할 놈이 상전노릇 한다."는 식으로 면전에서 모욕을 주기 일쑤였습니다. 취임 후 첫 국회연설에서 보인 보수 야당의 태도는 다섯 살 어린 아이의 그것과 다르지 않았던 기억이 생생합니다. 대통령을 맞이하는 예우는 고사하고 거의 뒤로 누운 듯 인터넷이나 뒤지고 있던 거만함 속에서 그들의 불편한 속내를 읽을 수 있었습니다.
 그 후 그들은 스트라이커 부대의 훈련에 항의하는 학생들의 시위를 못 막았다는 이유로 행정자치부 장관을 해임했고, 특별한 이유 없이 감사원장의 임명동의안을 부결시켰습니다. 검사들의 조직적인 반란에 발맞추어 언론은 검찰도 장악하지 못하는 아마추어 정권이라고 비아냥댔습니다. 국회에서 그는 "놈무혀니"로 통했고 그를 대통령이라 부르는 야당 의원은 거의 찾아보기 어려울 지경이었습니다. 그리고 재임 1년이 조금 지난 시점에서 그는 탄핵 당했습니다. 그를 탄핵했던 세력은 김구, 여운형을 암살했고 진보당 당수 조봉암을 사형시켰으며

_끌어안다, 당신의 죽음

민족일보 조용수와 조국의 분단을 생살 찢기는 아픔으로 끌어안았던 인혁당 재건위 사건의 이수병, 도예종, 하재완, 여정남 같은 젊은이들을 죽인 사람들이었습니다. 1980년 항쟁의 한복판에 있던 시민군을 도살하고 1987년 박종철과 이한열을 죽인 사람들도 그들이었습니다.

한때 '노무현 탓 놀이'가 유행할 정도로 그를 조롱하는 사람들도 점점 많아져갔습니다. 등산하면서 숨이 턱까지 차올라도, 출근길 지하철에서 발이 밟혀도 노무현 탓이었습니다. 교통위반 딱지를 떼어도 노무현 탓, 즐겨보던 보수 신문이 제시간에 배달되지 않아도 노무현 탓이었습니다. 맥줏집, 갈빗집에 사람들이 넘쳐나도 늘 경제가 어렵다고들 얘기했고 금강산 관광이 활성화되고 개성공단이 만들어져 남북 화해 분위기가 무르익을 때도 너무 퍼주기만 한다고 불평해댔습니다. 자기가 키우는 강아지의 이름을 노무현이라고 지었다며 킬킬대는 이들도 있었습니다. 애초 그와 함께 새 세상을 꿈꾸었던 많은 사람들이 떠나고 여전히 그를 지지했던 이른바 '노빠'는 이 사회의 불가촉천민이 되어 말 한마디 하지 못하는 신세가 되었습니다.

불운한 대통령 그러나……

아옌데 대통령을 잃은 칠레는 그 후 18년 동안 "피의 도살자"라 불리던 피노체트의 독재에 신음해야 했습니다. 쿠데타를 감행한 후 일주일 동안 3만여 명의 시민이 어디론가 끌려가 돌아오지 않았습니다. 그중에는 아옌데 민중 정부의 성공을 위해 시위 현장을 누비던, 노래하는 사람 '빅토르 하라'도 있었습니다. 피노체트 집권 기간 동안 10만여 명이 조국을 등지고 망명했고 30만여 명이 죽거나 감옥에 갇혔습니다. 칠레의 이 암울했던 상황은 후일 파트리시오 구스만 감독의 〈칠레 전투〉라는 다큐를 통해서 세상에 생생히 전해집니다. 살바도르 아옌데의 딸 이사벨 아옌데는 『영혼의 집(The house of spirit)』이라는 소설을 출간했고, 이 소설은 메릴 스트립과 안토니오 반데라스가 주연한 영화로도 만들어졌습니다. 칠레 민중은 피노체트 집권 이후 28년 만에 다시 새로운 사회주의 정부를 만들었고 독재자 피노체트는 2006년 사망할 때까지 90 평생의 절반을 누군가의 저주를 받으며 살아야 했습니다.

'바보 노무현'의 서거 소식을 들은 곳은 낙동강 지류인 영주 내성천의 강 언덕이었습니다. 4대강을 살리겠다고 외쳐대는 현 정부의 거짓말을 애써 확인하려고 내려간 곳이었습니다. 그곳은 다시 살려야 할 만큼 죽어 있지 않았습니다. 오히려 영원히 간직하고 싶을 만큼 아름다운 금모래톱과 여울이 넘실대는 곳이었습니다. 그곳에서 대통령의 서거 소식을 들으며 그만 무릎이 꺾이고 말았습니다. 그는 꿈꾸는 사람이었습니다. 꿈을 이루기 위해 언제나 싸울 준비가 되어 있는 사람이었습니다. 그리고 1981년 부림사건의 변호를 맡으면서 지금까지 그는 늘 싸워왔던 사람이었습니다. 자신을 왕이나 왕의 측근쯤으로 여겨왔던 몇 안 되는 부르주아 세력의 반란에 맞서 민중의 질서가 이 세계의 지배 질서여야 한다고 믿었던, 내가 아는 몇 안 되는 지도자 중 한 명이었습니다. 그렇기에 전직 대통령 죽이기에 안간힘을 썼던 현 정부의 탄압에 굴복해 스스로 죽음을 선택했다는 의견에 동의하기 어렵습니다.

아옌데가 그랬던 것처럼 그는 자신이 이루고자 했던 민주주의의 꿈을 그가 쓸 수 있는 마지막 카드인 죽음을 통해서 이루고자 했던 것입니다. 400만 명에 가까운 거대한 추모 인파와 곳곳에서 터지는 현 정부의 반민주적 폭거에 대항하는 민중의 목소리가 그것을 증명하고 있습니다. 칠레의 불운한 대통령 아옌데가 다시 화려하게 부활했듯이 대한민국 16대 대통령 노무현의 죽음은 다시금 활짝 핀 민주주의의 꽃으로 태어날 것입니다. 전직 대통령의 죽음으로도 찾을 수 없는 민주주의라면 이 땅에서 누릴 수 있는 민주주의는 존재하지 않는다는 것을 우리는 너무도 잘 알고 있기 때문입니다.

> 내가 노래하는 건 노래를 부르기 위해서나
> 좋은 목소리를 갖고 있어서가 아니지
> 기타도 감정과 이성을 갖고 있기에
> 난 노래 부르네
> 내 기타는 대지의 심장과
> 비둘기의 날개를 갖고 있지

마치 성수(聖水)와 같아

기쁨과 슬픔을 축복하지

여기서 내 노래는 고귀해지네

비올레타가 말한 것처럼

봄의 향기를 품고

열심히 노동하는, 기타

내 기타는 돈 많은 자들의 기타도 아니고

그것과는 하나도 닮지 않았지

내 노래는 저 별에 닿는

발판이 되고 싶어

의미를 지닌 노래는

고동치는 핏줄 속에 흐르지

노래 부르며 죽기로 한 사람의 참된 진실들

내 노래에는 덧없는 칭찬이나

국제적인 명성이 필요 없어

내 노래는 한 마리 종달새의 노래

이 땅 저 깊은 곳에서 들려오지

여기 모든 것이 스러지고

모든 것들이 시작되네

용감했던 노래는

언제나 새로운 노래일 것이네

언제나 새로운 노래일 것이네

언제나 새로운 노래일 것이네

― 〈선언〉, 빅토르 하라 노래

김홍일, 나는 그가 더 슬펐다

**아버지 영정 앞에서 울지 못한 그,
고문의 상처는 시대의 아픔과 겹쳤다**

　　　　　　　　＿그 사람이 궁금했습니다. 하얀 국화 꽃송이에 묻혀 옅은 웃음 짓고 있는 고 김대중 대통령의 영정 앞에서 무표정한 얼굴로 두리번거리기만 한 사내. 손끝에 간신히 매달려 있는 국화꽃 한 송이를 고인의 제단에 힘겹게 올리며 누군가가 밀어주는 휠체어에 앉아 허공만 바라보던 그 사내. 전 국회의원 김홍일이었습니다. 검은 치마저고리에 흰 리본을 머리에 꽂고도 차마 남편을 보낼 수 없어 고개 들지 못하는 어머니의 슬픈 어깨를 쓸어주지 못하고, 망연자실해하는 가족들의 가슴을 안아주지도 못한 채 비둘기 속살같이 흰 머리카락의 무게조차 버거운 듯 겨우 고개만 들고 있던 그는 고 김대중 대통령의

장남이었습니다. 파킨슨 병을 앓고 있다고 했습니다. 90년대부터 서서히 진행되던 병이 그가 의원직을 잃고 언론의 관심으로부터 벗어난 2006년 즈음에는 급속히 진행되어 그를 휠체어에 주저앉힌 것입니다.

언론은 그가 민주화 운동의 과정에서 두 번의 옥고를 치르고 혹독한 고문을 당했다는 것과 그 때문에 몹쓸 병을 얻었다는 사실을 보도했습니다. 그의 어머니 이희호 여사도 그가 1980년 김대중 내란음모사건 때 고문의 와중에도 아버지의 혐의를 허위로 자백하지 않기 위해 자살 기도까지 했었다고 자서전에서 증언하기도 했습니다. 단군 이래 가장 위대한 지도자 중 한 사람을 잃은 슬픔도 컸지만 자신의 생명을 던져 지키고자 했던 아버지의 죽음에도 통곡으로 답하지 못하는 백치가 된 아들의 눈빛은 국장 기간 내내 더 큰 슬픔으로 기억에 남습니다. 그의 몸짓 하나하나가 야만의 시대 고문의 잔혹사를 증명하는 표식이 되어 이 쓸쓸한 역사를 향해 거칠게 항변하고 있었던 것입니다.

마취 없는 외과수술

___ 이른바 김대중 내란음모사건은 학살로 들어선 전두환 신군부 세력이 김대중을 비롯한 민주 인사 20여 명을 북한의 사주를 받아 광주민주화운동을 일으켰다는 죄목으로 군사재판에 회부한 사건입니다. 전두환은 자신이 저지른 학살의 책임을 민주 인사에게 돌리고 그중 김대중을 수괴로 낙인찍었고, 결국 대법원은 그에게

___stairway to······ 남영동 대공분실
한 계단, 두 계단, 저 계단을 오르며 청춘의 시간은 시들어갔다.

사형선고를 내리게 됩니다. 그 사건에 관련된 이들은 예외 없이 죽음의 문턱을 넘나드는 고문을 당했습니다. 거꾸로 매달려 물 몇 양동이를 마시는 건 기본이고 갖가지 고문에 정신이상을 일으켜 수사관을 엄마라 부르기도 했으며 고문 수사관이 지치거나 진술서를 쓸 때를 제외하고는 조사 기간 내내 심한 매질을 당했습니다.

그즈음 광주시민 학살을 규탄하는 유인물을 돌리다 붙잡힌 시인 황지우는 자신이 당한 고문을 "마취 없는 외과수술"이라고 표현했습니다.

"거꾸로 매달린 내 몸에서는 나도 모르게 어찌할 수 없는 짐승소리가 났다. 죽을 수 있는 희망마저 없던 그곳에서 고문의 심각한 효과는 견딜 수 없는 자기 혐오감이었다. 나는 그 혐오감을 기본 정서로 80년대를 살았다. 최승자 시인이 노래했던 것처럼 '죽을 수도 살 수도 없었던' 시절에 나는 견딜 수 없어서 시를 썼더랬다."(「나의 작품 나의 얘기—흉측한 삶—80년대 '고문 체험'」, 1990년 10월 11일자 『동아일보』 기사)고 고백하고 있습니다.

그의 고백에서 묻어나는 절절한 아픔을 짐작할 길은 없지만 나는 2006년 남영동 평화 인권센터 준비위원으로 활동하면서 한 번 들어가면 모두가 간첩이 되어서야 나올 수 있었던 남영동 대공분실의 구조를 보고 놀랐던 순간을 기억하고 있습니다. "건축은 빛과 벽돌로 짓는 시"라고 읊었던 한국의 대표적 건축가 김수근이 지은 이 건물은 거짓을 진실로 자백받기 위한, 오직 고문의 용도로만 만들어졌습니다. 50센티미터가 족히 넘는 두께의 대문을 넘으면 피의자들이 출입했던 건물 뒤편의 조그만 문이 나옵니다. 두 눈을 가린 피의자들이 문을 들어서는 순간 '철컹'대는 철문이 닫히고 나선형 계단을 따라 수십 바퀴쯤 돌아 5층 조사실에 도착할 때는 모든 피의자가 방향감각을 상실한 채 곧이어 닥칠 끔찍한 일을 상상하며 공포에 떨어야 했습니다. 거기서 민주당 고문 김근태는 수사관의 발밑을 기며 살려달라고 애원했고 박종철은 "탁 치니 억" 하고 죽었습니다. 그렇게 수많은 반국가단체 조직 사건이 만들어졌고 납북 어부와 조국을 배우겠다고 찾아온 재일교포 학생들도 간첩이 되었습니다.

박정만, 그대는 아직도 잠자는 돌

＿＿ 살인적 고문이 민주화 인사들에게만 행해졌던 것은 아닙니다. 전두환 신군부는 자신들의 집권에 반대하는 조그만 틈새조차도 허용하지 않았습니다. "자랑스런 태극기 앞에 조국과 민족의 무궁한 영광을 위하여 몸과 마음을 바치는" 애국자만이 살 수 있었던 그 시대에는 신문 연재소설의 삐딱한 한 구절도 용납하지 않았습니다.

"어쩌다 텔레비전 뉴스에서 만나게 되는 얼굴, 정부의 고위관리가 이상스레 촌스런 모자를 쓰고 탄광촌 같은 델 찾아가서 그 지방의 아낙네들과 악수하는 경우, 그 관리는 돌아가는 차 속에서면 다 잊을 게 뻔한데도 자기네들의 이런저런 사정을 보고 들어주는 게 황공스럽기만 해서……." "세상에 남자 놓치고 시원치 않은 게 몇 종류가 있지. 그 첫째가 제복 좋아하는 자들이라니까. 그런 자들 중에는 군대 갔다 온 얘기 빼놓으면 할 얘기가 없는 자들이 또 있게 마련이지."

작가 한수산은 1년 동안 아무 일 없이 중앙일보에 연재해왔던 소설『욕망의 거리』에 삽입된 단 두 단락 때문에 1981년 5월 보안사 서빙고 분실에 끌려가 책 한 권으로는 다 쓰지 못할 고문을 당했습니다. 조선시대 사극에서나 나올 법한, 장딴지 사이에 각목을 끼우고 주리를 트는 고문, 얼굴에 수건을 뒤집어씌우고 고춧가루 물을 퍼붓는 고문, 열 손가락에 전선을 묶어놓고 스위치를 올리는 전기고문까지. 이미 널리 알려진 한수산 필화 사건의 개요입니다.

  산문시에 가깝게 유려하고 서정적인 문체로 대중의 사랑을 한 몸에 받던 작가는 이 사건을 계기로 절필을 선언했고 그를 고문했던 노태우(당시 보안사령관)가 대통령이 된 1988년, 고국을 등지게 됩니다. 이 사건에 함께 연루되었던 일곱 명 중에는 고독한 술꾼, 서정을 사랑한 시인 박정만이 있습니다. 소설가 김성동의 표현대로 그는 기갈지옥에서 나온 것처럼 액체로 된 것이라면 하다못해 농약까지도 마시고 싶어 했던 술꾼이었습니다.

   이마를 짚어다오.
   산허리에 걸린 꽃 같은 무지개의
   술에 젖으며
   잠자는 돌처럼 나도 눕고 싶구나.

   가시풀 지천으로 흐드러진 이승의
   단근질 세월에 두 눈이 멀고
   뿌리 없는 어금니로 어둠을 짚어가며
   마을마다 떠다니는 슬픈 귀동냥.

얻은 것도 잃은 것도 없는데
반벙어리 가슴으로 바다를 보면
밤눈도 눈에 들어 꽃처럼 지고
하늘 위의 하늘의 초록별도 이슥하여라.

내 손을 잡아다오.
눈부신 그대 살결도 정다운 목소리도
해와 함께 저물어서
머나먼 놀빛 숯이 되는 곳.

애오라지 내가 죽고
그대 옥비녀 끝머리에 잠이 물들어
밤이면 눈시울에 꿈이 선해도
빛나는 대리석(大理石) 기둥 위에
한 눈물로 그대의 인(印)을 파더라도.

무덤에서 하늘까지 등불을 다는
눈감고 천년을 깨어 있는 봉황(鳳凰)의 나라.
말이 죽고 한 침묵이 살아

그것이 더 큰 침묵이 되더라도

이제 내 눈을 감겨다오.

이 세상 마지막 산(山), 마지막 선(禪) 모양으로

— 「잠자는 돌」, 박정만

    술을 사랑했던 만큼 인간의 묻어둔 감성을 사랑했던 한국 서정시의 별은 한수산과 함께 끌려갔던 3박 4일이 지난 후 모든 것이 불타버린 숲에 남은 흐느적거리는 연기처럼 자신을 버렸습니다. 직장을 잡지도 못했고 가정을 원만히 꾸리지도 못했습니다. 그가 혹독한 고초를 겪은 이유를 그 자신도 잘 알지 못했습니다. 말이 죽고 침묵만 살아 더 큰 침묵이 되었던 살기 어린 시절의 저녁이면 그는 어김없이 술에 취했고 술에 취하면 누구든 붙잡고 물었습니다. "내가 왜 그 고통을 당해야 했는지를 제발 알려달라."고. 한수산 작가와 같은 대학을 나왔고 책 출판 관계로 몇 번 만났던 이유로 보안사에 끌려간 한국의 마지막 서정시인 박정만은 고문의 후유증을 견디지 못하고 88올림픽 폐막식이 열리던 10월 2일 오후 봉천동 그의 집 화장실에서 고작 마흔셋의 나이에 "잠자는 돌"이 되었습니다.

    그의 임종을 지킨 것은 그가 죽기 전 시마(詩魔)에 들어 초인적인 힘으로 옮겨 적은 300여 편의 시 뭉치뿐이었습니다. 그는 생전에 자신은 민주화 운동가도 아무것도 아닌 사람임을 강조했었다고 합니다.

야만의 시대에는 세상 그 어느 누구도 야만성으로부터 자유로울 수 없다는 독백으로 읽힙니다.

      과연 나무를 심을 수 있을까?
      그들이 그대의 어머니를 고문할 때
      그들이 그대의 아버지를 고문할 때
      그대의 형제를 그대의 아리따운 누이를 고문할 때
      그들이 그대의 지도자를 죽인다면
      그대의 눈물 같은 연인을 죽인다면
      그대를 고문하여 견딜 수 없는 아픔이 몰려오면

      나무를 심으세요
      나무를 심으세요

      나무를 고문하여 그대의 푸른 숲마저 사라지면

      또 다른 숲을 시작하세요
      또 다른 숲을 시작하세요

                             — 〈고문〉, 앨리스 워커 시, 류형선 작곡·노래

사람의 몸에 바닷물을 투여해 혈액의 변화를 관찰했던 생체실험의 희생자, 죽는 날까지 한 점 부끄러움 없었던 시인 윤동주의 영혼은 욱일승천기(旭日昇天旗)의 깃발 아래서 자신의 몸에 주사기를 들이댔던 후쿠오카 형무소의 군의관을 용서할 수 있을까. 한 무더기의 포탄이 마을을 휩쓸고 간 뒤 사랑하는 가족의 육신을 마당에 묻고 눈물을 흘리며 가슴에 포탄을 휘두르는 팔레스타인의 소년 병사는 잔인한 이스라엘을 용서할 수 있을까를 생각합니다. 열네 살에 의붓아버지로부터 성폭행을 당한 뒤 아이를 낳고 결혼해 노예 같은 삶을 살며 남편의 정부로부터도 학대를 당하는 가련한 여인 씰리를 만들어낸 『더 컬러 퍼플』의 작가 앨리스 워커는 나무를 심으라고 말합니다. 그들이 영혼의 깊은 뿌리까지 휘젓고 몸 안에 남은 체액의 전부를 뽑아내는 잔혹한 고문을 통해서 풀씨 하나 자랄 수 없는 황무지를 만든다 해도 다시 또 다른 숲을 시작하라고 권고합니다. 그러나⋯⋯.

김홍일, 그가 통곡하는 모습을 보고 싶다

　　　　　　　　＿＿지난해 가을, 인권연대 운영위원회의가 끝나고 뒤풀이를 할 때, 밤늦은 시간 함께 있던 오창익 사무국장에게 전화가 걸려왔습니다. 가을 저녁에 취해 거나하게 술을 마신 그의 지인이 경찰과 시비가 붙어 공무집행방해 혐의로 경찰서에 끌려갔다는 것입니다. 부랴부랴 경찰서에 찾아간 그는 놀라운 장면을 목격하게 됩니다.

자신을 끌고 온 경찰에게 항의했다는 이유로, 그의 지인은 손목에 수갑이 채워진 채 말 한마디 못하고 있었다는 겁니다. 아무리 사소한 이유라도 경찰의 권위에 도전하는 시민은 용서하지 않겠다는 단호한 태도입니다. 그 사실 하나만으로도 MB시대 인권의 시계가 얼마나 거꾸로 돌아갔는지를 짐작할 수 있습니다. "30년 전 군사정권이 했던 일 중 고문 빼고는 이 정부가 다 하는 것 같다."는 한 인권변호사의 넋두리는, 이제는 고문도 할 것 같다는 우려가 되고 곧 현실이 될지도 모릅니다.

생전에 고 김대중 대통령은 자신을 괴롭혔던 모든 사람들을 용서했다고 했습니다. 그렇게라도 하지 않으면 분노할 사람들이 너무 많아 자신이 더 괴로울 거라고도 했습니다. 그 덕분인지 그에게 사형선고를 내렸던 전두환 씨는 전직들이 가장 편했을 때가 '국민의 정부' 시절이었다는 덕담(?)도 했습니다. 전두환 씨가 서거하신 아버지의 영전에 꽃을 바치는 모습을 바라보던 김홍일 전 의원의 심정은 어땠을까를 생각합니다. "죽음의 고통은 주되 죽음이라는 영원한 휴식은 주지 않았던"(황지우, 위 글) 고문자의 환영을 그의 시선은 쫓아가지도 못하고 사지는 굳을 대로 굳어 고문자의 멱살잡이 한번 제대로 할 수 없는데도 과연 김홍일은 전두환을 용서할 수 있을까.

국장 기간 내내 비친 그의 모습에서 원귀처럼 되살아나는 고문의 흔적을 발견합니다. 부모 잃은 슬픔을 꺼이꺼이 우는 그의 목소리라도 들었으면, 부리부리했던 큰 눈으로 쏟아내는 눈물이라도 보았으면 마음이 이리 착잡하지는 않았을 겁니다.

    김홍일 전 의원, 그가 울부짖으며 통곡하는 모습을 보고 싶습니다. 다시 일어나 고문으로 얼룩진 이 잔혹한 역사 위에 회한의 곡소리 한번 크게 내는 소리를 듣고 싶습니다. 화해와 용서, 사회 통합의 메시지를 강조한 고문자들의 레토릭은 해원(解怨)의 통곡이 끝난 뒤에 논해도 좋을 듯합니다.

나 대신 매 맞아 아픈 이가 있다

에다가와 조선학교* 운동장에 큼지막한 보름달이 떴습니다. 8·15 민족통일을 염원하는 행사를 마치고 난 뒤의 잔치 마당은 황량하기 그지없고, 며칠을 두고 만들었을 자그만 무대를 중심으로 통일기가 빼곡히 흩날립니다. 그 밑에는 이 행사를 후원한 동포들의 이름이 걸려 있습니다. 아직 돌아가지 않은 몇몇의 동포 1세들은 달빛에 속내를 보일 만큼 충분히 어두워진 운동장 한편에서 그리움의 노래를 불렀습니다. 그 노래에는 도쿄 강가에 피어난 물안개보다 더 짙은 회한이 있습니다. 꼭 두 세대 전, 어린 젖먹이였던 그들은 그렇게 쫓겨났습니다. 일본말에 서투른 아이들은 "무섭다."는 한마디 말도 제대로 하지 못했고 아이가 든 배를 움켜쥔 어머니들은 "아프다."는 말도 꺼내지 못한 채 도쿄 정부의 경찰, 철거반원들이 휘두르는 곤봉과 욕설을 가녀린 어깨로 받으며 군용트럭에 올라 이곳에 왔습니다. 강제징용으로 끌려와 도쿄 강 하구를 쓰레기로 매립하는 일에 동원되었던 몇몇 아버지들은 그곳이 자신들이 평생을 살아야 할 불모의 터전이 될 줄은 생각도 못했습니다. "거세되지 않은 반역의 역사는 언젠가 당신의 목덜미에서 복수의 칼날을 겨눌 것이다."

1971년 개발독재의 아우성이 온 나라를 덮던 때, 청계천의 무허가 판자촌 주민들도 같은 방식으로 쫓겨났습니다. 1986년 아시안 게임과 올림픽의 환상이 온 국민의 가슴을 들뜨게 한 그날의 상계동 주민들도 그러했으며 2000년대 끈질긴 생명력으로 굴곡진 세상을 버텨오던 난곡의 주민들이 단아하고 고고한 개발 자본의 자태에 눌려 어디론가 사라진 방식도 똑같았습니다. 에다가와 학교 운동장의 고요한 달빛이 1940년 열리지도 않은 도쿄 올림픽을 이유로 쫓겨나야 했던 동포 1세들의 슬픈 노래를 경청하는 그 시간, 나는 "배고파 못 살겠다."고 절규하는 14만 5000명의 광주 대단지 주민들의 눈물이, 부천 고강동 도로변의 토굴 속에서 겨울을 살아야 했던 상계동 주민들의 한숨이, 30여만 원의 영구임대주택 임대료 지불도 어려워 보금자리를 포기해야 했던 난곡 사람들의 넋두리가 환청처럼 들려와 몹시 괴로웠습니다. 또 얼마나 많은 사람들이 자본의 탐욕에 쫓겨 종착지 없는 '가난의 기행'을 떠날 것인가.

재일조선인 학교의 행사는 항상 대규모로 진행됩니다. 교원과 학부모, 학생들이 준비하는 운동회, 학예회, 야회 등은 모두 지역 주민들을 대상으로 하고 지역 주민들은 기꺼이 학교를 위해 주머니를 비웁니다. '각종 학교'로 분리되어 일본 사립학교의 3분의 1, 공립학교의 9분의 1밖에 지원이 되지 않는 교육비로는 정상적인 교육 활동을 할 수 없기 때문에 연간 열리는 각종 행사의 모금은 조선학교를 지탱하기 위한 긴요한 수단입니다. 그렇게 학교를 꾸려왔습니다. 교원들의 월급은 고사하고 변변치 못한 교사(校舍)에 놀이기구 하나 없는 운동장, 녹슬어 손에 쥐기도 어려운 철봉은 손볼 틈도 없이, 일제하 강제로 끌려와 혹독한 삶을 살았던 그들의 한을 오직 우리 민족의 말과 글을 가르치는 열정으로 대신했습니다.

"재일 외국인의 흉악범죄가 지속되어 지진 시에는 큰 소요를 일으킬 우려가 있다. 한일합방, 신사참배, 창씨개명은 일본의 강요에 의한 것이 아니라 조선 사람들이 원했던 것이다."는 등의 극우적 발언으로 물의를 빚고 있는 이시하라 신타로 도쿄 도지사는 2003년 12월 그런 에다가와 학교에 토지 반환과 40억 원의 임대료 지불 소송을 제기했습니다. 일본의 극우 인사에게 민족은 타민족을 지배하기 위한 죽임의 언어이지만 일본 땅 재일조선인들에게 민족은 자신의 생존을 지키기 위한 최소한의 방어입니다.

다시 에다가와 조선학교 운동장에 울린 동포 1세들의 슬픈 노래를 기억하면 저 노래는 나의 고백일 수 있겠다 싶었습니다. 저 슬픈 노래를 부르는 노인은 일제 강점하 자신의 조국이 내쳐버린 한 맺힌 회한을 쏟아내는 내 아버지의 또 다른 모습 아닌가. "가갸거겨 우리 함께"를 합창하는 저 아이들은 나 대신 끌려와 낯선 이국땅에서 생존에 몸부림치던 또 다른 나의 자식들이 아닌가. 아이들에게 국적을 묻습니다. 누구는 조선, 누구는 한국, 또 누구는 공화국. 아무렇지도 않게 대답하고 실제로 아무렇지도 않은 그 아이들의 눈망울을 보며 질문의 의도가 아주 불순했음을 깨닫습니다. 여전히 나는 갈라진 땅 분단의 이분법을 이념의 잣대로 판단하려 했던 것입니다. 우리는 지난날 청맹과니였습니다. 남의 나라 언어를 배우기 위해 혀를 찢거나 영어 조기교육을 위해 몸 바치는 기러기 아빠들의 애환엔 고개를 끄떡였으나 우리가 잊고 있는 우리글과 우리말을 지키기 위해 60여 년을 나 대신 싸워왔던 재일조선인들의 고통엔 눈 감아왔습니다. 아이들에게 고향을 묻습니다. 머뭇거리는 아이들을 대신해 교장선생님이 웃으며 대답합니다. "재일동포의 97퍼센트는 고향이 남쪽이지요."

　에다가와 조선학교는 3년에 걸친 도쿄도와의 힘겨운 싸움을 마쳤습니다. 14억 원. 도곡동 타워팰리스 한 채 값에도 못 미치는, 그러나 그들에겐 결코 적지 않은 돈을 마련하라는 버거운 화해 조건이 있었지만 그들에게는 조국이 있었고 서로를 보듬어주는 이웃이 있었습니다. 그들이 십시일반으로 모은 돈과 남쪽 조국의 동포들이 정성으로 모금한 돈, 그리고 다나카 히로시, 오츠 겐이치, 모로오카, 무라타……, 국적과 민족, 사상의 차이와 관계없이 차별받는 이웃을 위해 발 벗고 나

__에다가와 아이들
에다가와 조선학교 아이들이 지원 기금 전달차 학교를 찾은 한국 방문단 일행을 배웅하고 있다.
변변한 시설 하나 없는 학교이지만 아이들은 학교에만 오면 집에 가기 싫어 한다.
학교의 나이는 66세.

선, 평화를 사랑하는 일본인들이 있어 도쿄 지방법원이 결정한 화해 조건도 쉽사리 넘을 수 있었습니다. 일본 도쿄의 관동 지역 위원장인 김성태 선생이 고국을 방문했을 때 나에게 새 땅에 새로 지을 에다가와 조선학교의 설계도면을 보여주었습니다. 그는 지하 2층에 지상 4층, 학교 교실로 쓰는 3층과 4층 말고도 에다가와 마을의 이웃들을 위해 설계된 아담하고도 내실 있는 공간을 꿈꾸듯 설명해주었습니다.

아이들아 이것이 우리 학교다

〈아이들아 이것이 우리 학교다〉, 이 노래는 2000년 12월 25일 오사카 후생복지회관에서 열린 '김민기·안치환의 세계와 20세기'에서 초연되었습니다. 이 공연을 준비한 재일조선인 연출가 김지석 씨는 눈, 비 맞으며 우리말을 가르치고 배웠던 민족학교 초기의 모습을 그린 허남기 선생의 시 「아이들아 이것이 우리 학교다」를 작곡해달라고 한국 공연단에 요청했고 그 일을 내가 맡았습니다. 시를 처음 받았을 때는 '노래가 될 수 있을까?' 라는 의심을 참 많이 했으나 시에 절절히 퍼져 있는 민족교육에 대한 애정을 이해하면서는 비교적 자연스럽게 만들 수 있었습니다.

안치환과 함께 곡을 무대에서 발표하기 전까지는 단지 남쪽에 있는 가수 두 명이 재일동포 시인의 노래를 부르는 정도의 의미였습니다. 그러나 정작 노래가 시작된 뒤 1000여 명이 넘는 청중의 시선과 마음이 무대 한 곳으로만 집중되는 적막한 긴장감, 그리고 1절 "니혼노 각고요리 이이데스.(일본 학교보다 좋습니다.)"라는 부분이 끝나고 난 뒤 퍼져 울린 절규에 가까운 환호는 이역만리 땅에서 민족교육을 지키기 위해 흘렸던 재일조선인들의 눈물의 양이 얼마나 많았는지를 상징하는 것이었습니다. 무대 뒤에서 공연을 지켜보았던 김지석 씨는 내 손을 잡고 눈물만 그렁거렸고 함께 공연했던 금강산 가극단 단원들도 눈물을 훔치며 고맙다는 말만 되풀이했습니다.

공연의 실황은 악보를 실은 시디로 만들어져 일본 전역의 재일동포 조직에 배포되었고 현재 민족학교 구성원으로 이 노래를 모르는 사람은 거의 없습니다. 안치환은 내 3집 《위로하다 위로받다》에도 목소리를 실어주는 수고를 아끼지 않았습니다.

비 오는 날엔 비가, 눈 내리는 날엔 눈이
때 아닌 모진 바람도 창을 들이쳐
너희들의 책을 적시고 뺨을 때리고 할퀴고
공부까지 못하게 만들어도
아이들아 이것이 우리 학교란다
초라하지만 단 하나뿐인 우리의 학교
아이들아 이것이 우리 학교란다
"니혼노 각고요리 이이데스.(일본 학교보다 좋습니다.)"

큼직한 미끄럼타기 작은 그네 하나 없어

너희들 놀 곳도 없는 학교지만

조국을 떠나 수만 리 이역에서 나고 자란

너희에게 조국을 배우게 하는

아이들아 이것이 우리 학교란다.

서투른 조선말로 웃으며 희망을 품는

아이들아 이것이 우리 학교란다

"니혼노 각고요리 이이데스.(일본 학교보다 좋습니다.)"

― 〈아이들아 이것이 우리 학교다〉, 허남기 시, 이지상 작곡

| 에다가와 조선학교 |

에다가와는 1940년 올림픽 개최지로 도쿄가 선정되자 당시 도쿄 시내에 살던 조선인 부락을 쓰레기 매립지인 에다가와 지구에 강제수용하면서 생긴 마을이다. 마을이 생길 당시 도쿄만으로 향하는 강줄기가 곳곳에 있고 강의 수위가 마을 지형보다 3~5미터쯤 높아서 비 오는 여름철엔 쓰레기 침출수가 섞인 물이 무릎까지 차올랐다.

이 땅을 메우고 그 위에 학교를 세워서 민족교육의 틀을 만든 게 해방된 해 12월이니까 에다가와 학교의 나이는 이미 환갑을 훌쩍 넘었다. 극우적 발언으로 정치적 생명을 연장해가는 도쿄 도지사 이시하라 신타로가 2003년, 그동안 무상 임대 형식으로 사용했던 땅 사용료로 4억 엔의 토지 임대료를 청구하고 토지반환 소송을 걸었다. 3년 3개월에 걸쳐 진행된 소송에서 도쿄 재판부는 "임대료 청구 이유 없음" 판결을 내렸고, 토지는 시중가의 10분의 1 수준인 1억 7000만 엔에 학교가 사들이도록 판결했다. 한국에서는 2007년 5월 '에다가와 조선학교 지원 모금'을 결성하여 그해 10월까지 약 7억여 원의 성금을 모아 학교 측에 2차에 걸쳐 전달했다. 이는 정부, 비정부 기구를 통틀어 한국 사회가 재일조선인들에게 전달한 최초의 성금이었다. 2000년에 발표한 〈아이들아 이것이 우리 학교다〉가 일본 내에서 큰 반향을 불러일으킴에 따라 몇 번의 고사에도 불구하고 나는 이 단체의 집행위원장을 맡게 되었다.

그들은 무엇으로 사는가

　1923년 9월 1일 일본 도쿄 일원의 관동 지방에 대지진이 발생했습니다. 세 차례에 걸쳐 약 15분 동안 이어진 지진으로 도쿄의 4분의 3이 폐허가 되고 계엄령이 선포될 지경이었으니 그 피해가 얼마나 컸는지는 미루어 짐작할 수 있습니다. 약 10만에서 14만 2000명의 사망자가 발생했고 약 3만 7000명이 실종되었으며 21만 호의 가옥이 파괴되었습니다. 정부의 기능이 마비되었고 수도를 옮겨야 한다는 주장까지 제기되었습니다. 이때 사망한 14만 명 중에는 조선인도 상당수 포함이 되어 있었습니다. 허나 그들은 지진 때문에 죽은 것만은 아니었습니다. 지진으로 인해 혼란에 빠진 사회질서를 누군가의 책임으로 돌려 민심의 이반을 막으려 했던 일본 내무성은 "재난을 틈타 이득을 취하려는 무리들이 있다. 조선인들이 방화와 폭탄에 의한 테러, 강도

등을 획책하고 있으니 주의하라."는 공문을 각 경찰지서에 하달했고 이는 "조선인들이 우물에 독을 타고 방화, 약탈을 자행하고 있다."는 유언비어가 되어 일본인들을 자극했습니다.

우리말을 지키려던 이유

　　　　　　　　　＿도쿄에서만 약 1600여 개의 일본인 자경단이 조직되었습니다. 죽창과 몽둥이, 농기구로 무장한 이들은 스스로를 지킨다는 명목으로 조선인들을 찾아내 살해하기 시작했습니다. 단순히 일본어 '아이우에오, 가기구게고, 주고엔 고주센(15엔 50전)'의 발음만으로도 조선인을 구별해냈고 기미가요와 교육칙어를 암송시켰습니다. 재일조선인 사학자 이일만 선생은 지진 발생 후 며칠 사이 일본의 자경단에 의해서 죽어간 조선인의 숫자를 약 9000여 명이라고 말하고 있습니다.

생사를 넘나들던 아비규환의 현장에서 살아남은 사람들은 그날 이후 말문을 닫았습니다. 젖 먹던 시절 어머니가 불러주시던 자장가도, 고향땅 밟으며 재잘거렸던 수많은 조선말에 대한 기억도 다 지워야 했습니다. 고향집 주변에 사시사철 피었던 꽃의 이름과 이웃들의 정겨운 말투도 다 잊어야 했습니다. 조선말을 한다는 것이 곧 죽음을 의미한다는 것을 몸서리치게 경험한 그들에게 맘 놓고 조국의 말을 할 수 있는 기회란 잠들기 전 이불을 뒤집어쓰고 속삭이는 가족의 안부 몇 마디가 전부였습니다. 낯선 이국땅에서 모국어를 잃어버린 그들은 그렇게 20여 년을 더 살아 해방을 맞았습니다.

해방 이후 재일조선인들이 맨 먼저 한 일이 학교를 세우는 것이었습니다. 그동안 일본어로만 그리워하던 고향 땅의 흙냄새를 잊었던 모국어로 다시 복원해내는 일이었습니다. 조선말을 쓰면 닥쳐오는 온갖 차별과 냉대, 심지어 죽음까지 이르는 한(恨)의 세월을 접고 이 땅에서도 주인으로 살아갈 새 지평을 열어 젖혀야 했습니다. 일본에서 태어나고 자란 재일조선인 2세들은 고향 말을 전혀 할 줄 몰랐습니다. 언젠가는 돌아가야 하는 조국 땅, 그곳에서도 조선말을 할 줄 모른다면 제대로 된 사람구실 못할 것이 뻔했기에 아이들에게 조선말을 가르치는 것은 무엇보다 중요한 최우선 과제였습니다. 해방된 1945년 12월에만 일본 전역에 약 560여 개소의 국어 강습소가 세워졌습니다.

조선학교는 재산목록 1호

도요하시에서 만난 김해룡, 김행자 씨 부부는 아이들 넷을 모두 조선학교에 보내고 있습니다. 큰아이는 고급학교, 둘째는 중급, 셋째와 넷째는 모두 초급학교로 보냅니다. 도요하시에는 중·고급학교가 없으니 첫째, 둘째는 인근 나고야에 있는 아이치 중·고급학교에 가야 합니다. 아침 6시 반에 집을 나오면 학교까지 두 시간이 소요됩니다. 아이들이 집에 돌아오는 시간은 오후 아홉 시경, 그

때 저녁식사를 겸해 이야기를 나누고 열 시면 잠이 듭니다. 통학 시간만 왕복 네 시간이 걸리지만 큰 불만은 없습니다. 자기의 이름을 숨기고도 갖가지 차별을 겪어야 하는 일본 학교보다는 같은 또래에 정체성에 관해 비슷한 고민을 하는 아이들과 함께 다니는 조선학교가 훨씬 좋기 때문입니다. 해룡 씨 부부는 아이들 교육을 위해 수입의 상당 부분을 지출합니다. 고급반 아이는 월 3만 3000엔, 중급은 1만 7000엔, 초급은 1만 3000엔 정도를 냅니다. 거기다가 통학 전철비가 만만치 않고 점심 급식이 없으니 매일 도시락도 싸줘야 하고 학교 사정이 어려운 걸 뻔히 아는 처지라 각종 행사에 들어가는 비용도 미리 챙겨두어야 합니다.

자동차 정비업을 하는 그로서는 때론 감당하기 쉽지 않다고 생각할 때도 있지만 자신의 아버지가 그랬던 것처럼 자기도 아이들을 조선학교에 보내는 것이 큰 긍지입니다. 할아버지에 대한 기억은 전혀 없지만 재일조선인 1세, 2세들이 우리말을 쓰지 못해 가슴 앓아야 했던 억압의 시간이 고스란히 조선학교로 전해져와 다시 그 시절로 돌아갈 수 없다는 사실을 명확히 가르치고 있으니, 우리말, 우리글의 소중함을 안다면 재일조선인 중에 조선학교를 재산목록 1호로 치지 않는 사람은 없을 거라고 어깨를 으쓱댑니다.

시가에 사는 김경연 씨는 아이들의 진학 문제를 놓고 큰 고민에 빠졌었다고 합니다. 일본 학교를 다녔던 남편은 아이들을 조선학교에

_꿈꾸러 가는 페달

보낼 생각이 없었던 것입니다. 그 당시 일본 신문에서는 하루가 멀다 하고 중·고급부 학생들의 자살 소식을 전했는데 자살자의 대부분이 재일조선인이었다는 분석이 나온 뒤에는 남편도 조선학교 진학에 찬성했다고 합니다. 자신의 민족적 정체성을 숨기거나 그렇지 않으면 집단 따돌림을 당해야 하는 재일조선인 청소년들의 절박한 처지는 이미 일본 내 사회 현상 중의 하나가 된 듯했습니다. 지금까지 조선인임을 단 하나의 자랑으로 생각해온 경연 씨는 아이들 셋을 시가 조선 초급학교에 보내고 있습니다.

하나 된 나라를 응원하고 싶다

___ 히가시오사카 조선 초급학교에 다니는 4학년생 상호는 축구 선수가 꿈입니다. 수업이 끝나고 학생 모두가 참여하는 소조활동에 상호는 축구를 선택했습니다. 정대세(가와사키 프론탈레)나 안영학(오미야 아르디자, 전 수원 삼성) 선수처럼 남과 북을 오가며 통일의 다리를 놓는 선수가 되고 싶기도 하고 박지성이나 박주영처럼 세계적인 구단의 선수가 되어 이름을 날리고 싶기도 합니다. 2010년 남아공 월드컵에 남과 북이 사상 처음으로 동반 출전하게 되었다는 소식에 상호네 가족은 무척 들떠 있습니다. 동포 할아버지, 아저씨들과 '사나이 중창단'을 함께하는 아빠는 통일된 조국의 국가대표가 되라고 상호를 격려하십니다. 형제 셋 중 하나는 할아버지의 고향 제주도에서

살았으면 좋겠다고 말씀하시는 엄마는 이미 한국의 포털사이트, 블로그에 동포들의 기뻐하는 모습을 실시간으로 중계하고 계십니다.

1923년 관동대지진의 폐허 속에서 살아남은 소년은 숱한 모멸의 세월을 넘어 도요하시의 김해룡 씨로, 시가의 김경연 씨로, 히가시오사카 조선학교 4학년 꿈 많은 소년 한상호로 다시 살아갑니다. 그들의 꿈은 세계 최대의 축구제전에서 '하나 된 나라'를 응원하는 것입니다. 남과 북도 사라진 하나의 조국을 맘껏 왕래하며 살아가는 것입니다. 가까운 이웃을 등지고 먼 곳의 이념적 동맹을 쫓아가는 것도 마뜩잖지만 핵개발을 해야만 자위권을 유지한다는 사고도 이해하기 어렵습니다.

하나 되어야 할 나라가 금강산 관광, 개성공단 사업을 중단하고, 6.15 공동선언, 10.4 공동선언을 무력화시키거나 무시무시한 핵 실험을 강행하고 서해교전이 일어나고, 해서 또다시 원수지간이 된다 해도 그들의 꿈이 바뀔 수는 없습니다. 이번 글을 쓰면서 시가의 사애 엄마 김경연 씨, 그리고 오사카의 상호 엄마 이명옥 씨와 메일 인터뷰를 진행했습니다. 왜 아이들을 조선학교에 보내야 하는가에 대한 간단한 우문에 이명옥 씨는 심지 깊은 답변을 보내주었습니다.

"지난 시기 일본에 빼앗긴 것들을 되찾고 일본에서 지내온 이 긴 시간 동안에 재일조선인 1·2·3세대들이 바라고 꿈꾸고 해왔던 일들을 배우며 사랑으로 비판하고 사랑으로 고마워하고 민족의 한 성원으로서

갈라진 조국을 이어주는 다리가 될 수 있는 능력과 마음을 아주 자연스럽게 키워주고 싶습니다.

그러기 위해서는 말을 배우고 우리 역사를 배울 뿐만 아니라 같은 배경을 가진 아이들을 같은 배경을 가진 선생님께서 이끌어주시는, 아이들이 진심으로 편히 지낼 수 있는 공간으로서의 우리 학교가 꼭 필요하다고 생각합니다."

— 오사카에서, 이명옥

그들은 무엇으로 사는가

뻐스를 타고 전차를 타고 우리는 학교로 가요
통학길이 멀다고 어머니는 걱정하지만
괜찮아요 괜찮아요 우리는 조선 사람!
우리의 학교가 기다립니다 기다립니다

뻐스를 타고 전차를 타고 우리는 학교로 가요
찬바람이 분다고 모두가 걱정하지만
괜찮아요 괜찮아요 화목한 우리 교실!
우리의 동무가 기다립니다 기다립니다

뻐스를 타고 전차를 타고 달리고 달려가네
학교로 가는 이 길은 그 어디에 잇닿아 있을까
찬바람이 불어와도 우리는 괜찮아요
우리의 학교가 기다립니다 기다립니다
우리의 동무가 기다립니다 기다립니다

뻐스를 타고 전차를 타고 달리고 달려라! 야!
— 〈뻐스를 타고 전차를 타고〉, 김정수 시, 최옥희 작곡

이 노래는 총련 문학예술인동맹(문예동) 위원장인 김정수 시인이 작사하고 그의 부인 최옥희 선생이 곡을 붙였습니다. 먼 길 마다 않고 학교로 달려가는 민족학교 아이들의 긍지가 고스란히 담겨 있습니다. 홋카이도 조선 고급학교의 일상을 다룬 장편 다큐 〈우리 학교〉를 통해 국내에 소개되었습니다.

"그 노래는 90년대 초반에 만들어진 노래입니다. 제가 문예동에 출근하기 위하여 전차를 기다리는데, 플랫폼으로 만원 전차가 들어오는 것이었습니다. 문이 열리고 출근길을 서두르는 수많은 어른들의 틈에 끼어 요코하마 초급학교 아이들이 밀려 밀려 내리는 모습을 보았습니다. 아이들이 아무리 커봤자 어른 엉덩이 근처일 텐데, 그래도 큰 언니가

작은 동생 서너 명을 자기 품에 보듬고 어른들에 밀려 넘어질세라 동생들을 간수하며 겨우겨우 전차간에서 내리는 겁니다. 그 어른들 틈에 끼어 땀에 젖어 몇 시간이고 전차를 타고 우리 학교에 다니는 아이들을 보면서 '무엇을 위해서?'라는 생각이 자연스럽게 들었습니다. 그 장면이 저의 머리에 오래오래 사라지지 않았고 노래로 만들자고 하였습니다."

— 영화〈우리 학교〉공식 블로그에 실린 김정수 시인의 글

추억의 노래 속에 숨겨진 과거

　종로 4가에 있는 광장시장은 우리나라에서 가장 오래된 상설 재래시장입니다. 1800년대부터 형성되기 시작하여 1905년에 한성부에 공식 등록되었다고 하니 그 역사가 100년을 훌쩍 넘었습니다. 두세 평 정도 되는 작은 음식점들이 길게 늘어선 먹자골목은 칸칸이 안주거리로 가득해서 술잔이 한 순배씩 돌 때마다 지글대는 안주 굽는 냄새와 왁자지껄한 얘기들, 거기다가 막걸리 한잔 마신 뒤에 나오는 "크으, 좋다." 같은 추임새까지 합하면 시장은 너나없이 평온한 흥을 발산하는 광장이 되곤 합니다.
　그곳에는 연주 경력만 50년이 넘은 베테랑 아코디언 연주자 박 노인이 계십니다. 취기 적당한 손님들 옆에서 흘러간 옛 가요를 연주하면 흥에 배기지 못한 취객들은 일어나서 춤을 추거나 큰 소리로 노래를 따라 부르는데 운 좋게 시장 지붕을 두드리는 빗소리까지 어우러지는 날이면 바흐도 작곡하지 못한 '대한민국 민중 칸타타'를 여기서 듣는 듯한 착각에 빠지기도 합니다. 만들어진 지 50~60년도 훨씬 지난 옛 가요를 가사 하나 틀리지 않고 따라 부르며 회한에 젖는 사람들을 보면 가슴속에 대못처럼 박힌 노래 하나가 사람의 기억을 얼마나 풍성하게 하는지를 알 수 있습니다. "어머님의 손을 놓고 돌아설 때에"로 시작하는 〈비 내리는 고모령〉에서 "운다고 옛 사랑이 오리요마는" 같은 〈애수의 소야곡〉, "가랑잎이 흩날리는 전선의 달밤", "연분홍 치마가 봄바람에" 등등 끊이지 않고, 애간장 녹이는 박 노인의 아코디언 연주에 좌중은 부딪히는 술잔 소리로 화답하고 서로가 그렇게 어우러져 광장시장의 백열등 불빛은 시들 줄 모릅니다.

〈혈서지원〉과 〈혈청지원가〉

___ 박 노인이 연주하는 레퍼토리의 반쯤은 한국 대중음악의 뿌리이자 기둥으로 불렸던 박시춘 선생(1913~1996)의 작품입니다. 위에 소개한 노래 외에도 〈이별의 부산정거장〉, 〈신라의 달밤〉, 〈가거라 삼팔선〉 등 무려 3000여 곡을 발표했으니 40~50년대 한국 대중음악 비중의 반쯤은 그의 것입니다. 1961년 한국연예협회 창립 때는 초대 이사장을 지냈고 1982년엔 대중가요 작곡가로는 최초로 문화훈장 보관장을 서훈받기도 했습니다. 그러나 대한민국 정부 수

립 이후 나름 한가락씩 하셨다는 분들 대부분이 그렇듯 박시춘 선생도 친일 의혹에서 자유롭지 못합니다. 태평양전쟁 시기에는 가장 많은 일제 부역 군국가요를 작곡하기도 했는데 〈아들의 혈서〉, 〈목단강 편지〉, 〈결사대의 안해(아내)〉 등이 있습니다. 그중 가장 유명한 것이 〈혈서지원〉이라는 노래입니다

> 무명지 깨물어서 붉은 피를 흘려서
> 일장기 그려놓고 성수 만세 부르고
> 한 글자 쓰는 사연 두 글자 쓰는 사연
> 나라님의 병정 되기 소원입니다
> ……
>
> ─ 〈혈서지원〉, 조명암 작사, 박시춘 작곡, 백년설 노래

목적가요로서 갖추어야 할 선동적 파토스(pathos)와 형상성이 두드러지는 이 곡은 일제가 조선인 청년들을 대상으로 해군 지원병을 모집하기 위해 제작한 노래로 1943년에 작곡되었습니다. 그러나 이곡은 2006년 5월 국가보훈처가 제작한 군가 모음집 《Remember-U》에 〈혈청지원가〉라는 제목으로 수록되었는데 이때는 가사가 일장기는 태극기로, 일본 천황을 상징했던 나라님의 병정은 대한민국 국군으로 바뀌게 됩니다. 일제 강점기 만주에서는 일제 경찰이 그림자 밟는 것도 허

락하지 않았다던 의열단 단장이자 임정 군무부장 약산 김원봉이 해방 후 서울의 그의 집 화장실에서 의복도 추스르지 못한 채 친일 고문 경관 출신인 수도경찰청 수사과장 노덕술에게 끌려갔던 슬픈 역사를 생각하면 이 정도는 애교로 봐야 할 수준이지만, 지금은 인기 그룹이 된 V.O.S가 아무 영문도 모른 채 〈혈청지원가〉를 부른 건, 정리되지 못한 과거사의 질곡은 다른 형태의 잘못된 미래를 필연적으로 잉태한다는 사실을 확인시켜주기에 충분합니다.

한국전쟁과 베트남전쟁 당시 가장 많이 불린 군가 순으로 선정했다니 국가보훈처도 딱히 잘못했다고 보기는 어렵겠습니다. 그러나 일제시대 '천황과 황국신민'이란 단어를 신줏단지처럼 모시며 온갖 영화를 누렸던 이들이 해방 후 '반공과 친미'로 용어를 바꾸어 역사의 주인 노릇했던 우리의 기형적 현대사를 상징적으로 보여주는 문화적 증거임에는 틀림없습니다.

일장기 앞에서, 태극기 앞에서

___ 미당 서정주 시인의 10주기 기일에 맞추어 생전에 기거했던 봉산산방을 약 12억 원의 예산을 들여 현대식 복합 문화공간으로 조성한다고 합니다. 미당은 생전에 이미 대한민국 사람이면 모를 리가 없는 시를 썼고, 그의 작품이 빠지면 교과서가 아니요, 그가 심사하지 않으면 문학상이 아니고 자유문학상, 대한민국 예술원

상. 금관 문화훈장 등은 젊어서부터 두루 섭렵했으니 해방 이후 문단 영향력의 반쯤은 그의 것이라고 해도 그리 틀리지 않습니다.

미당의 친일 논란에 관한 얘기는 많이 알려져 있지만 정작 그가 어떤 친일 작품을 썼는지에 대해선 익숙하지 못합니다. 그의 작품 「오장 마쓰이 송가」는 영화 〈원스 어폰 어 타임〉의 '동방의 빛' 환송회 장면에서 들을 수 있지만 「일장기 앞에서」 같은 시는 친일 작품 열한 편이 함께 전시되어 있는 미당시문학관에서도 볼 수 없습니다.

> 이날은 대성전기념일도 축제일도 아니었다. 그러나 나는 그 받은 깃대에 국기를 한번 꽂아보고 싶어서 견딜 수가 없었다. 나는 오히려 땀까지 흘려가며 벽장 속에서 국기를 꺼내어 그 깃대에 매었다. 탄탄한 깃대에 비해서는 벌써 장만한 지 해가 겹친 국기의 깃폭은 낡아 보였다. 나는 부끄러운 생각이 들었다. 왜 뒷집에서 깃대를 주려고 생각을 하고 있을 때에 나는 거기에 맞추어야 할 새로운 깃폭을 준비할 생각은 하지 못하였던 것인가. 나는 깃대에 꽂힌 국기를 방 아랫목에 세워두고 한참동안 합장을 하고 있었다.
>
> ―「일장기 앞에서」, 서정주

가끔 이 시의 제목을 '태극기 앞에서'로 바꾸어 낭송해볼 때가 있습니다. "이날은 광복절도 개천절도 아니었다. 나는 깃대에 꽂힌 태극기를 방 아랫목에……." 같은 식입니다.

놀랍게도 전혀 어색하지 않습니다. 오히려 더욱 비장한 한 편의 애국시가 탄생합니다. 해방 후 이승만의 전기를 지었고 5공 때는 대통령 탄신 축시까지 지어 바친 그의 정치적 행보를 감안한다면 〈혈서지원〉의 일장기가 〈혈청지원가〉의 태극기로 바뀐 것처럼 「일장기 앞에서」가 「태극기 앞에서」로 바뀌지 않은 것을 그나마 다행으로 여겨야 할는지도 모를 일입니다.

거세되지 않은 반역의 역사

우리는 일본의 괴뢰 정부였던 만주국 출신 인사를 두 분씩이나 대통령으로 모셨고 그중 한 분은 그의 따님을 통해 여전히 막강한 정치력을 행사하고 있는 나라에 살고 있습니다. 이명박 정부 들어서 임명되는 관료들의 옵션이 최소한 위장전입에 부동산 투기 혐의인 것처럼, 해방 후 적어도 유신 때까지 관료의 조건에 친일이 포함되었다는 사실을 부정하기 어렵습니다.

친일 행위자 재산 환수위가 총 106명의 일제 부역자 재산 1600억 원 상당을 국고에 환수한다는 뉴스가 나왔습니다. 환수위의 수고에도 불구하고 뭔가 아쉽게 느껴지는 것은 환수의 규모가 아직 적은 데다 여전히 진행 중인 반역사적 작태에 경종을 울리는 소식을 1년에 딱 한 번 광복절 즈음에야 들을 수 있다는 것 때문입니다. 광장시장에 앉아

박 노인의 아코디언 연주를 신기해하며 지나간 옛 노래의 정취에 빠져 들 즈음 옆 좌석에 있는 백발 성성하신 노인이 술잔을 건넵니다. 그분은 나라 걱정이 태산입니다. "요즘 나라가 개판이란 말야, 우리 젊은 이들이 나서서 나라를 바로 잡아줘야 해." 간곡한 듯 말씀하시지만 눈빛에 서린 핏발은 그분의 취기 때문만은 아닙니다. "어떻게 김일성으로부터 지켜낸 자유인데……."라는 말로 당부를 갈음하시는 그 노인의 손에는 『조선일보』가 들려 있습니다. 잘못된 역사에 기생하며 세상을 쥐락펴락했던 무리들이 없었다면 저 연세 지긋하신 노인은 굳이 지금껏 결기 어린 눈빛을 간직하지 않아도 되었을 것입니다.

"거세되지 않은 반역의 역사는 언젠가 당신의 목덜미에서 복수의 칼날을 겨눌 것이다." 지금 우리는 이명박 정부 들어 이 말의 실제를 목도하고 있는지도 모릅니다.

첫사랑

　막차에 그 사람을 실어 보냈습니다. 꽁무니를 빼고 도망치듯 달려가는 기차를 뒤로하고 돌아서면 다시 그이가 그리워집니다. 날은 봄, 미처 떠나지 못한 겨울의 한기가 옷깃을 여미게 하지만 그래도 좋았습니다. 사랑하는 이가 전해준 온기가 가슴에 켜켜이 쌓여 내 몸에서 발아되는 모든 체취가 봄의 새싹처럼 파릇파릇해지는 걸 느낄 수 있습니다.
　처음으로 그이의 이름을 부르던 날, 수없이 흩어져 있는 밤거리의 십자가를 바라볼 땐 그이가 꼭 내 사랑이어야 한다고 중얼거렸습니다. 어떤 땐 날 저무는 강변, 노을에 물든 미루나무 아래 둘이 함께 앉아 있는 상상을 하기도 했습니다. 노을이 어둠 깃든 강물에 녹아 먼발치로 흘러갈 즈음엔 "사랑해." 연습처럼 되뇌던 말들을 다시 가슴에 접고 나지막이 그이를 위한 노래를 부르는 꿈을 꾸기도 했습니다. 그이

__작은 배
오도가도 못하고, 기다리지 못하고, 풋풋한 만선의 꿈.

로 인해 절망이었지만 또 그이로 인해 기쁨이었던 시절이었습니다. 첫사랑의 연애, 봄비 내리는 개울가의 버들강아지 같은 풋풋한 그때를 시인 안도현은 이렇게 적고 있습니다.

연애 시절 그때가 좋았는가
들녘에서도 바닷가에서도 버스 안에서도
이 세상에 오직 두 사람만 있던 시절
사시사철 바라보는 곳마다 진달래 붉게 피고
비가 왔다 하면 억수비, 눈이 내렸다 하면 폭설
오도 가도 못하고, 가만있지는 더욱 못하고
길거리에서 찻집에서 자취방에서
쓸쓸하고 높던 연애 그때가 좋았는가
연애 시절아, 너를 부르다가 나는 등짝이 화끈 달아오르는 것 같다
무릇 연애란 사람을 생각하는 것이기에 문득 문득 사람이 사람을 벗어버리고
아아, 어린 늑대가 되어 마음을 숨기고 여우가 되어 꼬리를 숨기고
바람 부는 곳에서 오랫동안 흑흑 울고 싶은 것이기에

연애 시절아, 그날은 가도 두 사람은 남아 있다
우리가 서로 주고 싶은 것이 많아서 오늘도 밤하늘에는 별이 뜬다

연애 시절아, 그것 봐라, 사랑은 쓰러진 그리움이 아니라
시시각각 다가오는 증기기관차 아니냐
그리하여 우리 살아 있을 동안
삶이란 끝끝내 연애 아니냐
연애, 연애, 연애 아니냐

— 〈연애 시절〉, 안도현 시, 김현성 작곡, 나팔꽃 노래

나의 마음은 지지 않았다

＿＿ 일본에 생존해 있는 유일한 '일본군 위안부' 출신인 송신도 할머니는 나이 열여섯에 고향 충청도에서 중국 대륙 한복판 무창으로 끌려갔습니다. 1938년의 일입니다.

1937년 노구교 사건을 기화로 중일전쟁을 일으킨 일제는 독일의 나치조차도 고개를 흔들 만큼 잔혹한 살육을 자행했던 남경대학살을 일으키고 그들의 목표인 대동아공영권을 향해 아시아를 남하했습니다. 지독한 전쟁과 학살의 현장에 길든 병사들은 살기 돋는 욕구를 강간과 살인으로 풀었습니다. 마을에 불을 지르고 마주치는 모든 것들에 총질을 해댔습니다. 무서워 울며 도망치는 아이를 찌르고 미처 도망가지도 못한 아녀자들을 산더미처럼 치솟는 불길 속에서, 신음소리조차 못 내고 널브러진 시체 옆에서 강간했습니다.

그 현장에 열여섯 살 송신도가 있었습니다. 매일같이 몰려오는 죽

음의 공포를 이기기 위한 병사들의 독기 어린 정욕을 받아내기에 열여섯이라는 나이는 너무 어렸습니다. 포악하기 이를 데 없었던 젊은 군인들은 어린 송신도의 넓적다리와 옆구리를 칼로 쑤시며 협박과 윤간을 서슴지 않았고 왼쪽 팔뚝에는 '가네코(金子)'라는 일본 이름을 새겼습니다. 열여섯. 들판에 나가 나물 뜯고 샘가에서 물 길으며, 봄바람 불면 아지랑이 흔들리듯 첫사랑도 스며들거라 믿던 어린 소녀의 순결은 전쟁터의 야만에 뜯겨나갔습니다.

하루에도 50~60명의 짐승을 상대해야 했습니다. 그렇게 삼백예순 날을 세 번이나 보낸 그의 나이 열아홉에 찾아온 초경의 꽃물. 미처 여자로 성숙하지도 못한 소녀를 끌고 와 죽음보다 더 깊은 고통의 족쇄를 채우고 '성 노예'로 살기를 강요한, 일본이란 잔혹한 자의 성기에 묻어나온 꽃물을 자신의 손으로 닦아야 했던 그 여인의 분노를 다큐멘터리 작가 안해룡은 〈나의 마음은 지지 않는다〉를 통해 담담하게 그려냅니다. 송신도 할머니는 1993년 일본 정부를 상대로 손해배상 청구 소송을 진행합니다. 배상하라고 청구한 내용은 무척 간단했습니다. "일본 정부가 나에게 사과하라. 그거면 충분하다."

그 후 10년 동안 그는 일본인에 의해 중국으로 끌려간 사연과 참혹한 위안부 시절의 기억, 그 시절 배 속의 죽은 아기를 제 손으로 꺼낸 끔찍한 얘기들을 분노로, 때로는 낙관과 해학으로 일본 사회에 전달합니다. "재일조선인 '위안부' 송신도를 지원하는 모임(이하 지원 모임)"의 가나타 후미코 씨가 할머니에게 묻는 질문은 '위안부' 시절 첫 남자에 대한 기억이 어땠느냐는 것이었고 할머니의 대답은 "바보 같은 소리 말아라." 단 한마디였습니다. 온몸과 인생 전체를 짓밟은 폭력을 이야기하는 마당에 첫 남자의 느낌 따위가 뭐가 중요하다고 묻느냐는 의미의 바보이지만, 전쟁을 일으키고 수행하고 지지하는 이들은 모두 바보라는 것입니다.

20세기 이후 전쟁으로 숨진 사람이 1억 6000만 명이 넘는다는 사실을 기억해야 했습니다. 전쟁을 일으킨 당사자인 일본인 사망자가 300만 명이 넘는다는 사실도 떠올랐습니다. 할머니는 아버지가 누구인지도 모르는 아이를 서너 번씩이나 임신했고 그중 둘을 낳았습니다. 그 아이들은 부모의 이름도 얼굴도 모른 채 중국인에게 넘겨졌습니다. 할머니는 가나타 후미코 씨를 보며 그 아이들을 생각해냈습니다. "그 아이들이 살았으면 바로 네 나이쯤 됐을 거다."라고.

전쟁이 끝나고 일본으로 건너와 처음 만난 하재은이란 분과 37년을 함께했습니다. 부부의 연으로 살았지만 그들은 한 번도 성관계를 맺지 않았습니다. 스스로를 육체적 파산 상태로 규정한 할머니의 상처가 얼마나 깊은지를 헤아릴 수 있습니다. 2003년 일본 최고재판소는 "재일조선인 '위안부' 송신도"의 손해배상 청구 소송을 기각했습니다. 소송을 함께했던 지원 모임의 모든 사람들이 눈물을 흘렸지만 송신도 할머니는 울지 않았습니다. 비록 판결에는 졌지만 "나의 마음은 지지 않았다."고. 그러므로 여러분들도 지지 않은 거라고 위로했습니다. 다큐멘터리 영화 〈나의 마음은 지지 않았다〉는 일본에 있는 지원 모임의 촬영과 안해룡 감독의 각색 편집을 거쳐 2009년 봄, 뼈아픈 과거사에 무지몽매한 한국 사회의 치부를 드러내듯 몇 개의 극장을 통해 관객과 만났습니다.

돌려드려야 할 첫사랑

송신도 할머니에게는 연애 시절이 없습니다. 이 세상엔 오직 둘, 바라보는 곳마다 진달래 피고, 어린 늑대가 되어 마음을 숨기고 여우가 되어 꼬리를 숨기는, 아! 평생 심장에 각인되어 삶이 진창일 때마다 꺼내어 읽어보는 이름, 첫사랑을 빼앗겼습니다. 어디 송신도 할머니 한 분뿐이겠습니까. 김학순 할머니, 김순덕 할머니, 황금주 할머니, 배춘희 할머니, 훈 할머니, 이옥선 할머니……. 꽃 피는 남도에서 태어나 신의주, 남경, 버마를 거쳐 인도네시아, 필리핀, 그리고 남태평양의 외딴섬 팔라우, 사이판까지 일제의 욕정받이가 되어 끌려갔던 수십만 조선 처녀들의 첫사랑도 모두 빼앗겼습니다.

　10년의 재판 과정에서도, 수없이 많았던 강연회에서도 눈물을 보이지 않았던 송신도 할머니가 도쿄의 여고생들 앞에서만은 강연 첫마디부터 울음이었습니다. 자신이 전쟁으로 인해 빼앗겼던 첫사랑이 거기에 있었던 것입니다. "절대로 전쟁하지 마라. 두 번 다시 전쟁 하지 마라."

문명금 할머니, 김옥선 할머니는 평생 모은 재산 8000만 원을 평화박물관에 기증하셨습니다. 전쟁의 폭압을 첫 남자로 받아야 했던 자신의 한스러움이 두 세대 아래 손녀들에게 전해지는 것을 용납할 수 없다는 것입니다. 일제는 그들의 첫사랑을 빼앗았고 우리의 역사는 그 기억조차 묻어버리길 강요하지만 할머니들의 잃어버린 첫사랑은 평화의 제단에서 다시 순결한 꽃으로 피어오르고 있습니다.

>수평선 해거름 지는 사이판에 가면 자살절벽 있다지
>봉숭아물 들인 조선 처녀들 꽃잎처럼 몸 던진 자살절벽 있다지
>
>눈부신 햇살 번지는 사이판에 가면 신혼부부 있다지
>밀월여행을 즐기는 아담과 이브 밤이 오면 무르익는 사랑 노래 있다지
>
>잡초 크게 웃자란 절벽에선 지금도 처녀들 신음소리 바람에 실려 오고
>한국인 위령탑엔 갈 곳 없는 고혼들 떠돌고 있다지 맴돌고 있다지
>
>낭만의 섬 낙원의 섬 사이판에 가면 전설 같은 정신대 조선 처녀들 남긴 아리랑 아리요 부르는 원주민들 있다지
>아라리요 기억하는 원주민들 있다지
>
>― 〈사이판에 가면〉, 민병일 시, 이지상 작곡

혁명의 무덤가에 피어나는 노래

그는 뛰었습니다. 100여 명이나 되는 일본군 수색대의 추격을 뿌리치며 달리고 또 내달렸습니다. 가쁜 숨이 턱 위까지 치고 올라와 두 눈이 시뻘겋게 충혈되었고 사지는 점점 마비되어 한 발짝도 더는 움직일 수 없었습니다. 그러나 꼭 가야만 하는 길, 어떻게든 한순간이라도 더 살아남아 빼앗긴 조국의 원수, 민중의 원수, 일제의 심장부에 비수를 꽂는 일을 반드시 수행해야 했습니다. 그것이 그가 살아 있는 유일한 이유였습니다. 수백 발의 총성이 그의 귓전을 스쳤고 그중 몇 발은 그의 몸에 박혔습니다. 심장의 박동이 한 번씩 춤출 때마다 허벅지에 난 총상에서 피가 솟구쳤습니다. 심장을 떼어내서라도 이 피를 멈출 수 있다면 그는 조금 더 싸울 수 있다고 생각했습니다. 일본군 수색병에게 은신처가 발각되었다고 판단했을 때, 최채는 산 위로, 진광화는

산 밑으로, 그리고 그는 산 중턱으로 뛰었습니다. 이어 울려 퍼진 총성은 그의 가슴을 오그라들게 만들었지만 그보다 더 가슴을 찢는 소리는 사랑하는 동지 진광화의 외마디 비명이었습니다.

껑충한 키에 수척한 용모를 지녔으나 모든 동지들을 넓게 품어내는 인품으로 화북지대 대원들의 존경을 한 몸에 받았던 혁명가 진광화(1911~1942)를 잃는다는 것은 조선의용군 화북지대의 모든 것을 잃는 것과 다름없었습니다. 다행히 적들은 더 이상 추격해오지 않았고 그는 총상을 입은 다리를 끌어 관목 숲속으로 숨어들었습니다. 침착해야 한다고 스스로 다짐하며, 독립 투쟁의 험난한 과정을 지탱해주었던, 헝가리 민족 시인 페퇴피의 시를 몇 마디 읊조리는 순간 정신을 잃었습니다. "사랑이여, 그대를 위해서라면 내 목숨마저 바치리. 그러나 사랑이여, 조국의 자유를 위해서라면 내 그대마저도 바치리."

석정 윤세주(1901~1942). 3.1운동의 선두에 선 열혈청년이며 의열단의 2인자, 지방청년운동과 신간회지회의 주요 간부에서 다시 중국으로 망명, 단체통일운동과 조선혁명 간부학교 교관, 민족혁명당과 조선의용대의 창건, 그리고 조선의용대 화북지대의 정치지도원으로 활동했던 그의 삶은 그렇게 마감되었습니다. 그의 시신이 발견된 곳은 중국의 태항산 지류인 화옥산 근처 농가의 밭고랑이었습니다. 그와 함께 탈출을 감행했던 진광화 역시 총상을 입고 일본군에 쫓기다 그의 고향 평양으로 향해 있는 산등성이의 수십 길 절벽 위에서 조국으로 향하는 바람을 타고 뛰어내렸습니다. 1942년 6월의 일입니다. 40여 만이 넘는 엄청난 병력과 전차와 전투기까지 동원한 일제의 공격에 결연히 맞서 싸웠던 3000명의 조선의용대원 대부분도 그와 같은 길을 갔습니다. 그 길엔 이미 한 해 전 호가장 전투에서 다리를 잃은 『격정시대』의 작가 김학철이 있었고 후에 『노마만리』의 작가 김사량과 『연안행』의 김태준, 그리고 〈중국인민해방군 군가〉의 작곡가 정률성이 있었습니다. 그렇게 태항산과 조선의용대는 식민지 피 끓는 조선 청년의 성지가 되었습니다. 그리고 거기엔 불요불굴(不撓不屈), 견정불발(堅定不拔)의 투지를 담은 조선의 노래가 남아 있습니다.

> 사나운 비바람이 치는 길가에 다 못 가고 쓰러진 너의 뜻을 이어서 이룰 것을 맹세하노니 진리의 그늘 밑에 길이길이 잠들어라, 불멸의 영령
> ― 〈조선의용군 추도가〉에서, 김학철 작사, 류신 작곡

이념의 하늘 가운데에서 방황하는 두 영혼

___ 할 수만 있다면 윗옷을 벗어젖히고 살갗이라도 벗겨 시원한 바람 한줄기 맞고 싶을 만큼 더운 날씨였습니다. 윤세주, 진광화 두 분의 무덤이 있는 석문촌의 태양은 남과 북 어디에서도 기억해주지 않았던 두 열사의 흔적을 찾는 우리를 괘씸하다는 듯 폭염으로 맞이했습니다.

마을에서 버스를 내려 두 분 열사의 묘까지 가는 언덕 양 옆으로는 넓게 펼쳐진 과수원이 있었습니다. 내 키 정도밖에 안 되는 나무에는 파랗거나 불그스레한 열매들이 달려 있고 처음 보는 나무의 정체가 궁금했던 나는 발갛게 익은 열매 한 움큼을 훑어 한입에 털어 넣었습니다. 산초나무였습니다. 맵기로 유명하다는 중국 사천요리의 기본 향료가 한입 들어갔으니 혓바닥이 얼얼하고 볼따귀가 붉어지는 건 어쩔 수 없는 일입니다.

38도를 넘나드는 폭염과 발바닥에서 정수리로 치올라오는 지열, 산초 열매의 열기까지 등짐 지듯 안고 야트막한 산을 오르기를 약 20여 분. 병풍처럼 둘러진 절벽을 뒤로한 언덕 위에 두 분이 누워 계셨습니다. 우리 일행보다 먼저 올라와 무덤을 손질하던 섭현 석문촌의 연세 지긋한 노인은 일본군이 열사의 무덤을 훼손할 것을 염려하여 처음 묻혔던 화옥산으로부터 수십 리 떨어진 이곳까지 옮겼다고 했습니다. 1942년 몰살당할 뻔 했던 중국 팔로군 사령부가 기사회생한 것은 조선의용대 덕분이었다고, 윤세주, 진광화와 더불어 조선의용대는 중국 공산당의 은인이라고 말했습니다. 그리고 무덤 관리도 60여 년이 지난 지금까지 모두 그 마을 주민들이 하고 있다고도 했습니다. 그 말을 전하는 노인의 목소리는 많이 떨렸고 때로는 눈물기가 묻어 나왔습니다.

제를 지내고 무덤에 술잔을 부었습니다. 몇몇은 사진을 찍었지만 또 몇몇은 무덤을 등지고 소리 없이 울었습니다. 일제와 싸우다 산그림자도, 그늘을 만들어줄 나무도 하나 없는 쓸쓸한 언덕에 누웠으나 편히 쉬지 못하고, 갈라진 조선의 하늘 한가운데에서 방황하는 두 분의 영혼을 보았기 때문입니다.

만주벌에서 풍찬 노숙하던 조선 청년 이우석
서로군정서에서 북로군정서까지 병서를 다 옮기고
블라디보스토크에서 사들인 신식총 백두산 화룡현 청산리에 가져왔지

삼일 밤낮을 싸워 청사를 빛냈건만 마침내 부대원들 뿔뿔이 흩어져
로스케 한인부대 찾아갔지만 볼셰비즘에 물든 사람들과 다투다
시베리아에서 강제 노동했지, 시베리아에서 강제 노동했지

눈보라 몰아치고 달님도 잠든 날 밤 시베리아 탈출한 그 사내
다시 만주벌을 누비는데
조국은 해방됐지, 그러나 상처뿐인 몸뚱이로 엿장수가 되었지

의혈남아 기개와 순정뿐인 그 사내 포상 심사에서 빠지더니
십팔 년 꼭 십팔 년 만에 오만천 원씩 연금 받았지
난곡 철거민촌 단칸셋방에서 부인은 파출부로 여든일곱 그 사낸
막노동판에서 노익장 자랑한다지

공장에서 첫 월급 십이만 원 받아 온 외아들
만주벌에서 풍찬 노숙하던 조선 청년의 기쁨이지
만주벌에서 풍찬 노숙하던 조선 청년의 마지막 희망이지
— 〈살아남은 자의 슬픔〉, 민병일 시, 이지상 작곡

산초 열매의 화끈거림이 입 안에 가득한데 제주(祭酒)로 바친 고량주를 세 잔이나 거푸 들이켰습니다. 독립운동에 헌신했던 열사의 죽음과 조국으로부터 헌신짝처럼 내쳐진 그들의 무덤은 대륙의 태양열과 함께 분노로 끓어올랐지만 시대의 횃불로 살아 진정한 자주 독립을 꿈꾸었던 그들의 혁명 기치는 쓰디쓴 고량주 석 잔과 석정이 지은 조선의용대의 노래 〈최후의 결전〉과 더불어 지금도 나의 내장을 휘돌고 있습니다.

최후의 결전을 맞으러 가자, 생사적 운명의 판가리다
나가자, 나가자, 굳게 뭉치어 원수를 소탕하러 나가자
총칼을 메고 결전의 길로 다 앞으로 동무들아
독립의 깃발은 우리 앞에 날린다, 앞으로 동무들아
— 〈최후의 결전〉, 윤세주 시, 바르샤바 혁명 행진곡

홍사익(1889~1946)

경기도 안성에서 태어나 대한제국 육군 무관학교를 거쳐 1914년 일본 육사를 졸업했다. 1941년 육군소장이 되었고 1944년에 중장으로 진급했다. 그사이 일본 육군대학에서도 수학했는데 이는 일제강점기 조선 평민으로는 유일한 것이다. 태평양 전쟁 중 중국에서 여단장을 지냈으며 1944년에 필리핀에 있는 일본 남방군 총사령부의 병참총감에 임명되었고, 연합군 포로수용소 소장을 겸직했다. 이 때문에 종전 후에 필리핀에서 열린 전범 재판에 회부되어 포로 학대 혐의로 사형선고를 받은 뒤, 1946년 9월 26일 교수형에 처해졌다.

— 출처: 위키백과

1942년 5월 1일부터 약 두 달 동안, 일본군은 태항산을 중심으로 한 화북지역에서 중국 팔로군과 조선의용군을 제압하고자, 이른바 '5월 소탕작전'을 진행한다. 일본군 3만여 병력이 동원된 이 작전의 최고 책임자가 홍사익이었다.

서약은 강요하는 것이 아니다

　서약이란 게 맹세도 하고 거기에 약속까지 더한다는 말이니 하늘이 두 쪽 나도 지킬 건 지키겠다는 뜻일 테지요. 어느 단체의 모임에 가거나 길거리라도 지나치다 보면 내 이름 석 자 적어 넣는 용지를 쉽게 만날 수 있는데 나는 비교적 자발적으로 서명에 참여하는 축에 속합니다.
　굳이 부연하지 않더라도 생명, 평화, 나눔이라는 단어가 머릿속에 일렬횡대로 정돈되어 있는 사고 구조를 가진 세대라 이 비슷한 주제를 가진 서명운동이라도 내 이름을 일부러 뺀 적은 없습니다. 별것도 아닌 이름과 주소가 무슨 힘이 될까마는 사람 없는 집회에 머릿수라도 채우기 위해 어슬렁거리는 심정으로 씁니다. 도롱뇽 살리자는 데도 썼고 새만금, 장항 갯벌 살리자는 데도 썼습니다. 구속 노동자 석방하자는 데도 쓰고 국가보안법 폐지하자는 데도 씁니다.

    나는 살리는 게 좋습니다. 다 살리자는 서명 용지에만 내 이름을 썼습니다. 딱히 내가 가진 게 없으니 더 가질 것도 없고 세상에 큰 이익이라는 게 뵈질 않으니 눈 부라려 싸울 일도 별로 없어 실천이 어려워서 서명을 못할 이유를 찾지 못합니다. 딱 하나 맘에 걸리는 게 '빈 그릇 운동'. 그거 서명해놓고는 노력하기는 합니다만 가끔 실천 못할 때가 있습니다.

나도 서약을 했다

                         — 십수 년 전 나는 결혼 서약을 했습니다.

> 나는 그대의 또 하나의 몸, 그대는 나의 또 다른 영혼
> 사랑의 숲길을 함께 걸었죠, 절망의 강도 함께 건너가요
> 나의 수많은 잘못과 부족함, 그대의 기도 아니면 감싸질까요
> 지나간 기쁨도 채워질 사랑도 그대로 인함이죠
> 그대의 마음에 깊게 베인 상처 나의 위로 아니면 치료될까요
> ……
> 사랑이란 게 그리 쉽나요, 그대의 세상을 내 안에 품는 일
> ……
>
>   —〈사랑〉, 이지상 작사·작곡

결혼 서약이란 사랑의 거대한 약속을 마음으로 확인하는 일이므로 가끔 만나는 서명 용지의 날인과는 비교할 수 없는 무게감이 있습니다. 서약을 하면서 가슴 한구석엔 묵직한 책임감이 있었지만 그것은 새로운 존재로 거듭나는 일종의 환희와 같은 것입니다. 덕분에 나는 궁할 때 소리 없이 지갑을 채워주는 후원자를 얻었고 매일같이 세상 잔일까지 얘기할 수 있는 술친구를 얻었고 배고플 때 맛난 밥상을 올려주는 요리사도 얻었습니다.

또 가끔씩 착한 일 했다고 선물 사달라는 딸아이의 투정도 들을 수 있으니, 지금까지 수천 번의 약속을 했으나 그중 가장 잘한 약속이 결혼 서약이라는 사실에 의심의 여지가 없습니다. 머리에 담는 게 마음에 품는 것만 못하고 마음에 품는 게 발 가는 것만 못하다고 말합니다. 그러니 서명은 마음으로 품는 일이지만 서약은 발로 움직여야 하는 것입니다.

「국기에 대한 맹세」*라는 게 있습니다. 1911년 조선교육령에 의해 예비 황국신민들을 훈육했던 「교육칙어」*의 정신은 1968년 「국민교육헌장」*의 등장으로 새 빛을 발합니다. 그 정도의 충성도 모자라는지, 어떤 놈이 또 말을 안 들었는지 우리의 나라님들께서는 국기에 대해서까지 몸과 마음을 바치라고 요구합니다.

왜 강요해야 하는가를 묻는다

초등학교 4학년 때 학급회의라는 게 생기고 나서부터 내리 8년을 쉬지 않고 반공부장만 맡았었던 나는 매일 오후 다섯 시면 국기 강하식 때 울리는 애국가 음악에 가던 길 멈추고 가슴에 손을 올렸고 나처럼 하지 않는 어른들에게는 국기를 존중하라고 따지고 들었었습니다. 물론 「국기에 대한 맹세」를 잘 외우자는 실천 사항은 삐라를 잘 줍자는 말과 함께 학급회의 때 내가 발표한 안건의 단골 메뉴였구요.

미당 서정주의 「일장기 앞에서」는 이미 소개를 했습니다만(「추억의 노래 속에 숨겨진 과거」) 따지고 보면 나는 경건한 서약을 매일같이 했던 것인데 문장은 아니로되 국기에 대한 정성만큼은 서정주 시인의 일장기를 향한 마음과 견주어도 부끄럽지 않았던 것 같습니다.

국가가 개인에게 주는 것은 무엇일까요? 참 난감하고 불경스러운 질문을 나는 아직도 달고 다닙니다. 군대 가서 나랏밥, 나라 옷 입고 각종 작업 기술 익혔으니, 의무교육으로 보낸 학교에서 내 딸아이는 열심히 경쟁을 배우니 고맙다고 해야 할까요. 노동의 권리는 없는 나라에서 그나마 의무라도 있으니, 버는 만큼 쓰는 만큼 내는 세금의 혜택은 없어도 늙으면 좀 나아지겠지, 하는 희망에 감사해야 할까요.

가장 최근에 내 의지로 서명한 것이 한미 FTA 반대였습니다. 그 전에 비정규직보호법 반대였고 사립학교법 재개정 반대였습니다. 그러나 불행하게도 국가는 내 의지를 모두 다 꺾어버렸습니다. 아직도 국가는 내게 '국가가 나에게 무엇을 해줄 것인가보다 내가 국가에 무엇을 바칠 것인가'를 생각하라고 요구하고 있습니다. 지금까지 바쳤는데 뭘 또 바치라고.

「국기에 대한 맹세」문구가 바뀌었습니다. 내용을 보니 그 나물에 그 밥입니다. 국가는 나에게 서민경제 활성화도 약속했었고 비정규직 보호, 고용시장의 안정, 일자리 창출, 별것 별것 다 약속했었습니다. 또 국가는 자국민인 교토 우토로 마을의 할머니들에게 국가 예산으로 부지 매입을 돕겠다고도 약속했었습니다. 물론 지금은 아니지만.

2002년 월드컵 경기장에서 우리 모두는 무척 뜨거웠습니다. 경기장에 애국가가 울려 퍼지고 붉은악마 응원석으로 대형 태극기가 펼쳐질 땐 저절로 "동해물과 백두산이"를 외쳐 불렀습니다. 월드컵 4강의 신화를 이룬 한국 축구팀은 나에게 감동을 주었습니다만 지나보면 내 생활과 아무 상관없는 그 기억만 국가가 나에게 준 최대의 선물이었습니다.

약속은 상대적인 것입니다. 약속을 지킬 수 없는 국가를 위해 충성을 맹세할 국민은 없습니다. 무엇 하나 나올 것 없는 국가를 위해 서약과 같은 맹세를 요구하려면 국가는 국민의 의식 위에 군림하는 신이어야 합니다.

나는 그런 신을 섬길 이유가 없습니다. 고작 문구 몇 개 바꾼「국기에 대한 맹세」따위로 국민에게 거짓 충성을 강요할 순 없습니다.

「교육칙어」

1890년 일본 제국의 천황제 교육의 기본적인 틀이 성립하는 과정에서 일본 신민들을 교화시킬 목적으로 만들어졌다. 일본에서는 1891년부터 일본 내 각 학교에 '하부(下付)'되었고 「소학교 축일 대제일 의식규정」을 통해 조회 등 각종 국가·천황 관련 행사에서 반드시 봉독되도록 하였다. 조선에서 「교육칙어」는 1911년 10월에는 천황의 이름으로 "짐이 교육에 관해 말하는 바를 이제 조선총독에게 내린다."고 하여 조선에 적용할 것을 분명히 했으며, 다음 해 1912년 1월 「교육칙어등본」을 각 관공사립학교에 배포했다. 일제의 본격 침략기인 30~40년대에는 기미가요와 함께 군국주의 교육 용도로 사용되었고 일본 중의원과 참의원은 제2차 세계대전 패전 후인 1948년 「교육칙어」를 폐지하고 개인의 존엄을 기본 정신으로 한 교육기본법을 제정했다.

「국민교육헌장」

「국민교육헌장」은 박종홍, 안호상, 이인기, 유형진 등 기초위원 26명과 심사위원 48명이 초안을 작성하고 1968년 11월 26일 국회 만장일치의 동의에 따라 박정희 전 대한민국 대통령이 12월 5일 발표한 헌장으로, 이후 각 학교 교과서의 첫머리에 인쇄되는 등 새마을 운동과 함께 20여 년간 적극적으로 보급되었으나, 1994년에 사실상 폐지되었다.

— 출처 : 위키백과

「국기에 대한 맹세」의 변천

"나는 자랑스런 태극기 앞에 조국의 통일과 번영을 위하여 정의와 진실로서 충성을 다할 것을 다짐합니다."
— 1968년 충청남도 교육위원회 작성 문구

"나는 자랑스런 태극기 앞에 조국과 민족의 무궁한 영광을 위하여 몸과 마음을 바쳐 충성을 다할 것을 굳게 다짐합니다."
— 1972년 문교부 확대 시행 문구

"나는 자랑스러운 태극기 앞에 자유롭고 정의로운 대한민국의 무궁한 영광을 위하여 충성을 다할 것을 굳게 다짐합니다."
— 2007년 행정자치부 수정 문구

총탄은 아이와 군인을 구별하지 못하네

〈총 맞은 것처럼〉이란 노래가 있더군요. 방송에 하도 많이 나오니 아무래도 제목이 수상해서 가사를 유심히 살폈습니다. 헤어짐의 아픔이 총 맞은 상처처럼 가슴을 뚫어 추억이 흘러넘친다는 내용이지요. 그 노래를 무심히 흥얼거리는 아이에게 슬쩍 물어보고 싶었습니다. "실제로 총 맞으면 넌 어떨 것 같니?"

전쟁기념관엘 갔더니 갖가지 무기가 전시가 되어 있는데 그중에서 구한말 의병들이 썼다는 날카로운 죽창을 고등학생쯤으로 보이는 친구가 사진으로 담고 있었습니다. 또 슬쩍 물어보고 싶었습니다. "실제로 저 죽창에 찔리면 넌 어떨 것 같니?"

각종 언론을 통해서 쏟아지는 전쟁 보도를 보면 마치 전쟁기념관에 들어가 잘 만들어진 전쟁 찬양 다큐멘터리를 보는 것 같을 때가 많습니다. 이 전쟁의 정치적 배경이 무엇인지, 어떤 무기를 동원해서 어떤 방식으로 사람들을 죽였는지 서로간의 군사력을 비교 분석하고 누가 어떻게 승리할 것인지에 대한 예상 답안까지 내놓지요. 덕분에 우리는 패트리어트 미사일이 어느 마을을 포격했는지 아파치 헬기가 얼마만큼의 포탄을 떨어뜨렸는지를 알고 몇 명의 사상자가 발생했는지도 압니다. 그러나 폭격을 당한 사람들이 어떤 모습으로 죽어갔는지 그 과정을 설명해주는 언론을 만나기는 쉽지 않습니다.

물론 TV에서 포연에 휩싸인 폐허의 도시와 한 방에 웅크리고 기도하는 겁에 질린 가족을 보면 가슴이 아픕니다. 금방 숨이 넘어간 듯한 아이의 머리를 무릎에 받치고 뺨을 부비는 어머니의 비명 소리엔 눈물이 나기도 하구요. 그러나 그뿐입니까? 유감스럽게도 전장에서의 주검은 그 형체가 온전한 것만으로도 축복일 만큼 비참합니다.

팔, 다리가 떨어져나가 제멋대로 펄떡이는가 하면 쏟아진 내장을 배 속에 주워 담으며 위생병을 부르짖는 병사가 있고 단 한 방의 총성에 죽음의 고통조차 느낄 사이도 없이 풀썩 쓰러지는 여인네가 있습니다. 그리고 그 여인의 피 흘리는 젖가슴을 울면서 파고드는 아기도 있습니다.

인종 청소라는 섬뜩한 목표점으로 향하는 이스라엘의 가자지구 침공은 도를 더해갔습니다. 가자지구 남쪽 라파 난민촌까지 공습하는가 하면 가자시티에 있는 유엔 건물까지도 폭격했고 급기야 시가전까

__포탄 장난감

ⓒ 임종진

지 감행했습니다. 사망자는 순식간에 1000명을 넘어섰습니다. 이스라엘과 팔레스타인의 60년이 넘는 긴 전쟁사에서 이 정도의 공습은 그야말로 국지전에 불과합니다. 그들이 어떤 모습으로 죽어갔는지를 생각하면 가만히 앉아 뉴스를 보거나 신문만 뒤적이는 것이 사람의 도리를 다하지 못하는 것 같아 마음 졸일 때가 많습니다.

전쟁기념관엘 갔습니다. 구석기시대에 쓰던 돌도끼나 외날찍개 등은 이름의 살벌함에 비해 외려 앙증맞습니다. 잘 벼려진 삼인검, 사인참사검은 내 심장을 세 번쯤 포개놓고 뚫어도 남을 만큼 날카롭고 길쭉합니다. 한국전쟁 때 썼던 총포류부터 현대화된 각종 최신 장비까지 5000년 역사 속의 무기들을 총망라한 듯 보였습니다. 죽임의 역사를 한데 모아놓은 것입니다.

저 무기들로 인해서 내 사지가 찢기는 듯한 상상을 하며 몸서리치는 순간, 어린아이 하나가 전시된 천자총통 위에 엎드려 포 쏘는 시늉을 하고 엄마는 그 모습을 사진을 찍으며 즐거워합니다. '어떻게 사람을 죽였는가'를 전쟁의 개념으로 생각하는 아이의 자연스러운 행동과 부모의 모습에서 미래의 또 다른 전쟁을 예견하는 일은 어렵지 않습니다.

게임 같은 전투, 그러나 참혹한 전쟁

___몇 해 전 미군의 개가 되어 음부를 드러낸 채 그들의 군화를 핥는 아부그라이브 수용소의 이라크 포로를 우리는 기

억합니다. 그러나 윤간 뒤 생매장당한 여고생과 젖가슴이 도려진 채 나무에 묶여 표창 연습의 대상이 되었던 젊은 빨치산의 아내와 딸이 우리의 역사 속에 있었음은 기억하지 못합니다. 몽키스패너로 혓바닥을 뽑고 손톱과 발톱 밑에 대못을 박았으며, 팔은 팔대로 몸통은 몸통대로 사지를 찢어 전봇대에 전시했던 일이(이산하의 시 「한라산」) 우리의 역사에 여전히 한으로 남아 있음을 기억하지 못합니다. 빨치산 사내의 배를 가르고 내장을 꺼내 그 어미에게 물리는 참혹한 역사가 우리에게 있었음도 기억하지 못합니다.

전쟁을 기념해야 할 아무런 이유가 없습니다. 그러나 꼭 해야 한다면 전쟁은 '어떻게 사람을 죽였는가'가 아니고 '어떻게 사람이 죽었는가'로 기억되어야 합니다. 폭격으로 죽은 아들을 묻고 돌아온 새벽, 또 다른 폭격으로 이미 숨져 있는 딸아이를 부둥켜안고 오열하는 아비의 심정으로 피눈물의 역사를 선명히 기록해야 합니다. 그것이 민중의 역사입니다.

"전쟁은 '지배 계급'에 의해서 준비, 결정, 조직되고, 전쟁에 나가서 싸우고, 전쟁을 치르며, 고통 받는 것은 바로 일반 민중"이기 때문입니다.(베르너 빈터스타이너)

나무를 심는 사람들

___천수천안(千手千眼) 관음보살이 있습니다. 부

처님의 어진 미소를 중심으로 양쪽에 각 20개의 손이 25개의 다른 세계를 계도하니 합이 천수(千手)요, 그 손에 눈이 하나씩 달려 있으니 천안(千眼)이 됩니다. 그 많은 눈으로 뭇 중생들의 고단함을 살피고 그 많은 손으로 구원의 손길을 뻗어 지옥불에나 떨어질 가난한 영혼들까지도 살핍니다.

그러나 총탄에는 눈이 달려 있지 않습니다. 아이와 군인을 구별하지 못하고 병원과 군수공장을 구별하지 못합니다. 유엔 인권이사회의 이스라엘 규탄 결의안에 기권을 하고 내놓은 정책과 추진하는 입법마다 민생을 옭아매는 데에 혈안이 되어 있는 정부도 눈이 없기는 마찬가지입니다.

> 저 총탄이 아이와 군인을 구별한단 얘기를 난 듣지 못했네
> 저 총탄이 우유공장과 탱크를 구별한단 얘기를 난 듣지 못했네
> 총탄이 날아온 그 숫자만큼 꽃씨를 뿌려요, 평화의 꽃씨를
> 총탄이 날아온 그곳을 향해서 노래를 불러요, 평화의 노래를
> 저 포탄이 노인과 여자를 구별한단 얘기를 난 듣지 못했네
> 저 포탄이 군수공장과 병원을 구별한단 얘기를 난 듣지 못했네
> 포탄이 날아온 그 숫자 만큼 나무를 심어요, 평화의 나무를
> 포탄이 날아온 그곳을 향해서 노래를 불러요, 평화의 노래를
> ―〈나무를 심는 사람들〉, 서해성·이지상 작사, 이지상 작곡

이런 입법을 꿈꾸면 어떨까 상상합니다. 꽃이 준비가 되지 않으면 그 어떤 싸움도 할 수 없습니다. 꽃으로도 사람을 때리지 말라고 했으나 정 그럴 수 없다면 꽃으로만 사람을 때릴 수 있습니다. 만약 법을 어길 시에는 사안의 경중에 따라 자연생태 교육 몇 년, 평화 교육 몇 년 등의 형량을 수행해야 합니다. 물론 천수관음의 세계에서나 가능한 일이겠지요?

돈과 사람의 목숨을 바꾸는 미련한 세상

회고 이라크 __인류사 최고의 지향점인 평화가 한순간에 깨지는 장면을 보았습니다. 그래도 대한민국의 정상적인 공교육을 마쳤고 특별하지 않은 사회 조건 속에서 비교적 합리적으로 사고하려고 노력하고 있으며, 여전히 자기중심성의 늪에서 헤어나고 있지는 못하나 다중(多衆)의 이익을 위한 삶을 가끔은 생각하는 나 같은 부류에게도 국제사회의 온갖 비난과 전 세계적인 반전 여론을 무시하고 벙커힐 호에서 발사된 토마호크 미사일이 바그다드 한복판을 강타했던 2003년 3월 20일 그날은 잊기 어려운 상처였습니다.

특히나 전쟁이 시작된 그날 백악관에 앉아 한가롭게 개전 성명을 발표한 원숭이 부시의 표정은 인간이 가지고 있는 뻔뻔지수 측정기가 한계 없음을 깊게 각인시킨 계기가 되기도 했습니다. "이라크전은 도덕적인 전쟁이며 이라크에서 위협을 제거하는 것 이외에 야심이 없다."나 뭐라나.

지금까지 우리가 배웠던 어떤 교과서, 어떤 가르침 중에 "남의 생명을 빼앗아서라도 자신의 이익을 취하는 것이 올바른 삶의 방법이다."라고 규정한 대목이 하나라도 있었던가요. 그럼에도 불구하고 그렇게 산 인간 몇몇이 1970년대산(産) 위인전에 이름을 올린 적은 있으나 역사의 평가는 냉혹하지 않았던가요. 나폴레옹, 히틀러, 도조 히데키, 맥아더……, 그리고 부시(아비와 아들 둘 다). 수없는 죽음의 하치장을 만들어 그 희생자의 무덤 위에 반세기도 가지 못할 허명(虛名)의 깃발을 세웠던 사람들, 모든 전쟁이 그렇듯 이라크에서의 살육과 호전적 제국주의, 이유를 모르는 죽음들과 그 주검을 가슴에 안으며 통곡하는 살아남은 사람들, 그 모든 것의 원인이 '돈'이었다는 것과 지구상에서 가장 돈 되는 자원이 석유라는 것, 그리고 이라크에 석유의 매장량이 풍부했다는 사실은 이미 어지간히 똑똑한 초등학생들도 다 아는 사실이 되었습니다.

특정 집단의 이익을 위해서라면 인간이라는 고귀한 생명의 가치가 한순간에 사라져도 된다는 은폐된 광기의 표출이 전 세계의 지형을 흔들 정도로 인간이라는 존재가 천해진 것인가에 대한 의문이 들기 시작했고 그들은 내 목숨 값을 얼마쯤 매기고 있을까도 생각했었습니다.

세상의 어느 누구도 자신의 목숨이 돈으로 매매가 된다고 생각하지 않습니다. 그러나 지금까지 혹독한 전쟁을 겪고 있는 이라크의 고통 받는 민중들에게는 그 질문이 가장 현실적인 사실이었다는 생각을 하면 가정(假定)으로라도 성립될 수 없었던 질문을 품었던 내 터무니없는 이성에 분노해야 했습니다.

    니네들은 힘이 세서 좋겠다, 가진 거 많아 좋겠다
    그렇다고 아무나 줘 패면 미친놈 소리 듣는다
    니네 동네에는 어른도 하나 없니, 어찌 그리 막무가내니
    우리 동네에서 너 같은 놈은 열라 맞고 쫓겨난다

    "돈과 사람의 목숨을 바꾸는 미련한 세상
     돈과 사람의 목숨을 바꾸는 미련한 세상"

    석유가 그렇게도 좋더냐, 석유 마시고 살아라
    전쟁 놀음이 그렇게 신나면 니들끼리 싸워라
    니네는 평화란 말이 전쟁이니, 이 배워먹지 못한 놈아
    옛말이 하나도 그른 것 없다, 칼로 흥한 자 칼로 망한다

    너희 눈엔 하나도 안 보이지만 내 눈에는 다 보인다

이유 없이 죽어가는 아이들과 그 부모들의 통곡이
너희들은 전쟁이라 우기지만 우리는 학살이라 말한다
너희들은 정의라 우기지만 우리는 탐욕이라 말한다

"돈과 사람의 목숨을 바꾸는 미련한 세상
　돈과 사람의 목숨을 바꾸는 미련한 세상"
― 〈미련한 세상〉, 이지상 작사·작곡

　전쟁이 끝나기 전에 서둘러 대규모 병력을 파병해서 미국에 눈도장 확실히 찍고 이라크 재건 사업의 국익을 따내자는 국회의원의 소름끼치는 얘기가 들려올 때는 내가 사는 나라가 맞기는 한가 싶은 착각에 빠지기도 했고 수십만의 시민들이 거리로 나와 파병 반대를 외쳤지만 그 사이 젊디젊은 청춘을 팔아 돈을 벌기 위해 그들 스스로 가장 추악한 전쟁이라 부르는 살육의 현장에 우리의 병사들을 보낸 참여정부를 원망하기도 했습니다.
　"남의 집에 불이 나면 휘발유 더 뿌려 완전히 태운 다음 다시 집 지을 때 기둥뿌리 하나라도 더 팔아야 네가 잘 산다."고, "그런 상황에선 네가 직접 휘발유 들고 가지 말고 만만한 옆집 아이를 시켜라."고, "그 아이가 죽건 말건 상관하지 말라."고 자신의 아이들을 꼭 이렇게 가르쳤을 것 같은, 지독한 파병 찬성론자 S 의원은 "안보가 남편"이셔서 아들이 없었고, 보수의 원조를 자처하신 K 의원은 아들을 군대 근처에도 보내지 않았으며, 해병대 출신 H 의원은 본인이 자원해서 이라크에 가겠다고 해놓고는 낙선하신 백수 신분이 오래인데도 여태 소식이 없습니다.

똑같다, 그들의 얘기…… 기분 잡치는

＿전쟁 참 쉽게 일어납니다. 1830년 프랑스가 알제리를 침략한 표면적 이유는 알제리의 태수가 프랑스 장교의 뺨을 때렸기 때문이고, 1937년 중일전쟁의 시발은 노구교를 지키고 있던 일본군 병사가 다리 밑에서 오줌을 누었기 때문이었습니다. 베트남전쟁의 이유가 된 통킹만 사건도 미국 정보국의 조작 가능성이 제기되는 걸 보면 전쟁을 일으키지 못해 안달하는 특정 이익집단은 드러나지 않게 많습니다.

잘 아시다시피 이라크전쟁은 미국이 80년대 초에 이라크에 제공한 대량살상무기를 찾는다는 이유로 시작되었고 아프간 침공은 9.11 테러의 주모자로 지목당한 오사마 빈 라덴을 잡기 위해서였습니다. 그러나 9년이 지난 지금 전쟁의 구실이 모두 거짓이었다는 것과 다만 특정 이익집단인 부시와 그 일당이 정권 잡은 기념으로 화끈하게 한탕 벌리기 위해 세계 양심의 조롱을 무릅쓰고 원숭이 짓 한 것이라는 사실을 모르는 사람은 별로 없습니다. 그 터무니없는 이유 때문에 20세기 이후 전쟁으로 죽어간 생명이 1억하고도 6000만 명이 넘습니다.

미국이 아프간을 침공하고 이른바 "테러와의 전쟁"을 수행한 지 10년째 접어들고 있습니다. 이미 우리나라는 다산·동의부대를 파견한 적이 있고 그로 인해 종교적 신념을 가진 젊은이 둘과 파견 비용 꼬박 모아 부모님 대출금 갚으라고 송금했던 젊은 병사를 잃었습니다. 정부는 그들이 바친 목숨으로 인해 전쟁으로부터 철수한 지 22개월 만에 다시 군대를 파견하는 결정을 내렸습니다.

이라크 파병 때는 수십만의 시민이 모여 반대할 기회라도 있었는데 이번 결정은 그럴 기회도 없이 일사천리로 이루어진 느낌입니다. 더 유감스러운 것은 이라크 파병 당시 파병을 지지하던 사람들의 논리가 하나도 바뀌지 않고 그대로 방송 전파를 탄다는 것입니다. 해외 파병이 국위선양과 국민 애국심 강화 측면에서 바람직하다거나 전쟁터에 생떼 같은 목숨들을 보내면서 국익을 챙겨야 한다거나 UN의 42개국이 파병하고 있으니 파병 안 하면 국제사회에서 왕따 당한다는 협박성 얘기가 대부분입니다. 아, 또 있습니다. 잃어버린 10년 동안 소원해진 한미공조 관계의 복원이랍니다.

미국이 아프간을 침공한 이후 그곳에 의료 선교를 자원해서 간 친구 부부가 있었습니다. 카불 인근의 열악한 병원에서 진료를 하고 현지 의과대학에서 수술법 등을 가르쳤는데 제일 아쉬운 것이 부족한 약품과 의료기기이고 아이들이 마땅한 시설 하나 없어 총알 껍데기 만지며 놀아야 하는 교육 환경이라는 소식을 자주 전했었습니다. 주목할 만한 산업 기반이 없고 농지가 부족하니 배곯아 퀭한 눈으로 구걸하는 사람들을 보기 안쓰럽다는 말도 꼭 전했었습니다.

미국을 중심으로 한 국제기구가 지난 9년 동안 아프간에 지원한 돈이 150억 달러쯤 됩니다. 우리나라 돈으로 약 16조 원이면 그 나라 돈으로 엄청날 텐데 나는 그 친구로부터 병원이 하나 더 늘었다거나 공장이 지어졌다거나 적어도 수도 카불 시내 사람들이 밥을 굶지는 않는다거나 하는 얘기를 들어본 적이 없습니다. 아프간 남자의 평균 수명이 42세라는 말은 들었습니다. 내가 거기서 태어났다면 지금쯤은 벌써 하늘의 판결을 받고 내세가 있다면 그곳에 가 있어야 합니다. 태어나는 영아의 네 명 중 한 명은 부모 얼굴도 보지 못하고 죽습니다. 16조 원이면 그 정도의 열악한 상황을 얼마간은 충분히 개선할 수 있는 금액인데도 여전히 그곳의 소식은 암울하기만 합니다. "테러와의 전쟁"을 수행하는 미국 젊은 병사들이 매일같이 쏘아댄다는 포탄이나 군수 지원 비용으로, 또는 그들의 목숨 값으로 쓰였을 것이고 그중 아주 일부는 부패지수 세계 8위라는 카르자이 정부의 관료들 손에나 쥐어졌을 것입니다.

이전에 파견되었던 특수부대 이름이 '다산'과 '동의'였습니다. 병사들 목숨 팔아서 미국 상전 잘 모시고 국익 팔아서 자기도 이익 좀 보자는 사람들이 지은 이름이니 허준 선생이나 정약용 선생이 달가워할

리가 없습니다. 더욱이 다산의 시 「애절양」에 나오는, 자기 양물을 자른 이가 군포를 물지 못했기 때문이라는 사실을 기억한다면 참 그 이름 지은 사람 양심도 없습니다.

우리는 사람이 사는 마을로 간다

노래로 보는 한국 사회

　　　　　　　　　＿＿박경태 교수(사회과학부)가 부르는 〈이등병의 편지〉(김현성 작사·작곡)가 강의실에 울려 퍼집니다. 피아노 앞에 앉은 내 어깨를 장난치듯 토닥거리며 열창을 마치는 순간, 교수가 부르는 노래에 신기해하던 학생들은 이내 노래 실력에 감동 받은 관객이 되어 박수와 환호를 멈출 줄 모릅니다. 오늘의 공연을 위해서 30년 동안 머리를 희게 물들였다는 김창남 교수(신문방송학과)의 농담에는 어깨를 들썩이며 웃다가, 그가 숨넘어갈 듯 여린 소리로 부르는 〈기지촌〉(김민기 작사·작곡)에는 조용히 눈을 감고 손가락 장단을 맞추고, 이어 김진엽 교수(사회과학부)의 '눈 감으면 코 베어가는'이 아니라 '입만 열면 잡혀가던' 삼엄했던 대학 시절 얘기가 펼쳐지면 학생들의 눈망울엔

70~80년대 유신과 군사독재 시대를 살았던 한 청년의 고뇌가 초롱하게 맺힙니다.

"자유의 나무는 자유를 갈망하는 자의 치열한 삶을 먹고 자란다." 는 평범한 진리가 반드시 책 속에만 있는 것은 아님을 매 학기의 마지막 수업으로 진행되는 더숲 트리오(김진업, 김창남, 박경태 교수)의 공연을 통해서 확연히 느낄 수 있습니다.

2004년 새봄에 성공회대학교의 교양과목으로 시작된 '노래로 보는 한국 사회'가 현재까지 학생들의 꾸준한 호응을 얻고 있는 기저에는 시대와 함께 청년의 삶을 치열하게 살았던 이들 더숲 트리오의 노랫소리가 깔려 있습니다.

역사 속의 노래, 노래 속의 역사

＿ 고려시대 원나라에 바쳐졌던 공녀(貢女)와 조선시대 청나라로 끌려간 환향녀는 자신의 가족조차도 지키지 못하는 봉건시대 가부장제의 허울을 안은 채 '일본군 위안부'가 되거나 해방 후 낯선 이방의 군인에게 청춘을 팔아야 하는 기지촌 여성이 되었습니다. 그리고 '일본군 위안부'의 고통스러운 역정을 담은 〈사이판에 가면〉(민병일 시, 이지상 작곡)이나 기지촌 여성이 된 여인의 이야기를 담은 〈에레나가 된 순이〉(손로원 작사, 한복남 작곡), 〈기지촌〉(김민기 작사, 작곡), 혹은 〈비닐장판 위의 딱정벌레〉(최성호 작사, 작곡) 등의 노래

는 오롯이 그 슬픈 역사 안에 남아 있습니다.

> 어릴 땐 떨어지는 감꽃을 셌지
> 전쟁통엔 죽은 병사 머리를 세고
> 지금은 침 발라 돈을 세지
> 먼 훗날엔 무얼 셀까
>
> ─〈감꽃〉, 김준태 시, 유종화 작곡·노래

조용합니다.
기타를 울리기 전 웅성거리며 담소를 나누던 소리들은 어디로 가고 90여 명 180개의 눈동자가 강단으로 쏠립니다. 노래를 부르는 나는 이 적막함이 좋습니다. 묵언과 묵언 사이, 단지 내 목젖이 울릴 뿐인데 지근거리에 있는 학생들의 심장은 내 노래의 박자에 맞춰 흔들리는 듯합니다. 노래를 부르며 많은 말들을 생각합니다.
울 뒤의 감꽃을 엮어 댕기 진 머리에 꽂으며 산수유 냇길 따라 봄나물 캐러 다녔을 구례군 산동면의 순례, 귀신 잡는 해병으로 베트남 정글을 누볐다던 우리 동네 아저씨, "무엇이 돈 되나."로 시작해서 "부자 되세요."로 끝을 맺는 일상의 대화 방식 등, 노래가 끝나면 내가 설명해야 할 내용들입니다.
열아홉. 강의를 함께하는 학생들보다 더 어린 소녀 백순례는 여순

항쟁 당시 산사람(빨치산)이 된 오빠 대신에 토벌군에게 끌려가 죽음을 맞게 되는데, 피우지 못한 청춘의 한은 포승줄에 묶여 어디론가 사라지는 서늘한 가을 언덕에서 백순례의 입을 통해 〈산동애가〉라는 노래로 만들어지고 또 누군가의 입을 통해 긴 역사를 건너와 그 당시 비참했던 전장의 참상을 말하고 있습니다.

베트콩의 귀때기를 잘라 중대장에게 보고를 했다고 하던가요. 미군 비행기가 한바탕 비를 뿌리고 가면 월남 정글의 수많은 나무 이파리들이 떨어지고 적들의 동태가 한눈에 보여 전투하기가 훨씬 수월했다는 무용담을 들은 건 월남전 참전 용사인 동네 아저씨가 환국(還國)할 때 사 들고 온, 동네에서 하나밖에 없는 TV를 보고 있을 즈음이었습니다.

그 후 연인원 30만 명이 참가했던 그 전쟁에서 살아 돌아온 이들의 몸에 붉은 반점이 생기고 팔다리가 마비되면서, 정글의 폭염을 식혀주었던, 미국 비행기가 쏟아낸 비 같은 것이 고엽제라는 몹쓸 물질이었다는 것이 알려지게 되었습니다. 보이는 사람 모두가 적이 아니라 민간인도 있었다는 것과 그래서 그들의 귀때기도 함부로 자르면 안 되었다는 걸 한국 사회가 자성하게 되면서 〈월남에서 돌아온 김 상사〉(신중현 작사·작곡)에 등장하는 용감한 전사였던 그 아저씨의 행적이 궁금해지기 시작했습니다.

베트남 중부 선틴현 푹빈촌에 사는 톤롱히엔과 레티응옥은 어릴

적 같은 마을에서 나고 자라 연인이 된 사이입니다. 1959년 북베트남 군의 일원이 된 톤롱히엔은 임무를 위해 숲으로 들어갔고 레티응옥은 한 달에 몇 번씩 그를 면회하며 사랑의 마음을 나누었습니다. 그렇게 보낸 7년의 긴 사랑의 시간에도 그들은 순결을 지켰지만 1966년 한국군에게 강간당한 레티응옥은 이후 베트콩의 여전사가 되고 그해가 가기 전 미군의 총탄에 맞아 숨을 거둡니다. 톤롱히엔은 첫사랑의 슬픈 초상화를 직접 그려 품 안에 간직하고 첫사랑을 잃은 슬픔의 시 〈7년을 헤어졌어도〉를 지어 부르며 40여 년의 긴 시간을 그리움 속에 보냈습니다.

나는 톤롱히엔과 레티응옥의 얘기를 베트남 참전 용사인 그 아저씨께 들려주며 당시의 상황을 좀 더 물어보고 싶었으나 동네에서 그분의 행적을 정확히 아는 이가 많지 않았습니다.

우리 어릴 적 사랑을 할 때 나는 떠났네
임무를 맡아 저 숲속으로 나는 떠났네
당신은 오랜 기다림 속에 청춘을 다 보냈네
우리 서로가 만날 때면 눈물의 꽃을 피웠네

칠 년을 헤어졌어도 우리는 순결을 지켰다
칠 년을 헤어졌어도 우리는 순결을 지켰다

여전히 푸르른 숲을 지나면 노을처럼 흐르는 강물

그대가 남긴 그날의 피가 내 가슴을 온통 적신다

당신은 오랜 기다림으로 청춘을 다 보냈고

나 또한 오랜 그리움 속에 인생을 다 보낸다

칠 년을 헤어졌어도 우리는 순결을 지켰다

칠 년을 헤어졌어도 우리는 순결을 지켰다

― 〈베트남에서 온 편지〉, 톤롱히엔 시, 이지상 작사 · 작곡

(원제: 7년을 헤어졌어도)

과제 하나: 노래 듣고 울어보기

　　　　　　　＿비 오는 수요일에는 한 번쯤 듣고 넘어가는 〈비 오는 거리〉(김신우 작사 · 작곡)가 끝난 후 뜬금없이 학생들에게 질문을 던집니다.

"노래 듣고 울어본 경험이 있습니까?"

질문에 난감해하는 학생들에게 오늘은 몇 곡의 노래를 들으면서 등교했는지를 묻습니다. 휴대폰의 벨소리, 컬러링에 지하철이나 버스에서 흘러나오는 음악들, 길거리 편의점이나 패스트푸드점에서 들려오는 라디오 소리나 귀에 꽂힌 휴대용 mp3까지, 인식을 하든 못하든 숨을 쉬는 것만큼 많은 선율이 귓속에 들어옵니다. 그러나 그 많은 노

래 중 자신의 가슴에 각인되어 필요할 때마다 꺼내 쓰는 연장처럼 눈물이 되고 또 힘이 되는 노래를 찾기는 쉽지 않습니다.

더군다나 소위 '돈이 되는' 일에만 몰두해 있는 대중매체를 노래 정보의 원천으로 삼을 수밖에 없는 현재의 유통구조상 '사랑아! 네가 떠나서 나는 운다' 류의 한정적 주제 외에 노래를 통해 더 다양한 문제의식을 가지라고 요구할 수도 없는 노릇입니다.

그럼에도 가슴속 진동과 심장의 두근거림을 불러일으키는 눈물의 노래를 찾는 일은, 단순한 감정의 배설물로서가 아니라 차고 넘쳐나는 음악의 홍수 속에서 자신의 마음을 쉬게 할 작은 배를 만드는 것이고, 일생을 두고 함께할 정서적 의지처를 확보하는 일이라고 생각합니다.

"이번 학기 첫 번째 리포트 '노래 듣고 울어보기', 다음 주까지 제출해주세요." 내 말이 떨어지기 무섭게 학생들의 애교 섞인 볼멘소리들이 들립니다. "그런 경험이 없어요."라든가 "숙제가 너무 어려워요." 등등. 그러나 학생들은 이번 기회를 통해, 이루어지지 못해 더 아팠던 첫사랑을 떠올릴 것이고 자신을 낙오자라고 여겼던 끔찍했던 고교 시절을 기억할 것이며 더러는 가족의 생존을 위해 어깨가 늘어진 노동자 아버지의 십팔번을 적어낼 것입니다.

과제 둘: 집으로 가는 길

___봄비 촉촉이 적시는 한가한 오후이기를, 가능

___아이, 겨울을 건너는
새벽녘 긴 잠 속에 내리는 첫눈, 하얀 고요와 평화,
작지만 아름다운 꿈 함께 나누며 추위에 떨고 있는 시대의 고난 위에 포근한 홑이불로 오라.

하다면 우산은 받지 않기를 바랍니다. 그게 안 된다면 되도록 작은 우산을 썼으면 합니다. 단 한 번, 단 1초만이라도 그 우산에 떨어지는 빗방울의 개수를 헤아려보았으면 좋겠습니다. 낙엽 그득히 떨어져 거리에 뒹구는 날이어도 좋습니다. 가을바람에 떨어지는 나뭇잎이 어디로 향하는지를 봤으면 합니다. 낮은 곳, 더 낮은 곳 그곳에서 "내가 가진 게 너무 없다 할지라도, 그대여, 가을 저녁 한때 낙엽 지거든 사랑이 왜 낮은 곳에 있는지를 낙엽에게 물어보라"던 시구절(「가을엽서」, 안도현) 하나를 떠올려보았으면, 만에 하나 당신이 그곳에서 외롭다면 그 외로움은 어디서 오는지 생각해보았으면 좋겠습니다.

놀라운 세상의 속도는 대한민국 어느 누구에 관한 정보라도 알아낼 수 있는 네트워크를 구축했고 신모델 전자제품을 몇 개월에 한 번씩 바꿔치우는 생산력도 갖추었습니다. 각종 디지털 기기의 변신은 소비자의 필요와 무관하게 신기술이라는 명목으로 생산되고 그것은 경제 성장 외에 인간이 사는 방법은 없다는 논리로 포장되어 끊임없는 경쟁을 이끌어냅니다. 그러나 과연 그것이 한 개인의 삶에 얼마나 도움이 될지는 아무도 모릅니다. 집으로 가는 길은 숨 가쁜 세상의 속도에서 잠시 벗어나 자신만의 속도를 즐기는 과정입니다.

버스나 지하철의 차창으로 스쳐 지나갔던 일상의 풍경들을 오직 두 발로 터덜터덜 걸어보면 대중교통의 속도로 인해 놓치고 지나갔던 무수한 것들이 눈에 들어옵니다. 두어 시간 남짓 걸은 지친 다리를 펴고 쉴 때쯤 문득 사람이 그리워 눈시울이 붉어진다면 그것은 자본 중심의 효율성의 세계로부터 인간 중심의 진정성의 세계로 첫 발을 디딘다는 신호가 될 것입니다.

사람이 사는 마을

　　오른손 바닥을 가슴 높이에서 하늘을 향해 펼치고 그 위에 자신이 생각하는 작고 예쁜 새를 임의로 올려놓고 손을 꼭 움켜쥡니다. 당연히 손안에 움켜쥔 새는 자신의 것이 되지만 주위를 둘러보면 90여 명의 학생 모두가 자신의 것만 움켜쥐고 있고, 이는 소통의 단절입니다.

　그 상태에서 다른 이가 생각해낸 예쁜 새는 자신과 전혀 상관없는 것이 됩니다. 이제 움켜쥔 손을 펴봅니다. 자신의 손바닥에 있던 작은 새는 옆 친구의 어깨 위에 앉고 옆 친구가 생각해낸 예쁜 새는 또 다른 친구의 머리 위에 앉습니다. 강의실엔 각자가 생각해낸 무형의 예쁜 새들이 누구의 소유도 아닌 채 자유로이 날고 있고 자연스런 소통이 이루어집니다.

　애인이 없음에도 자신에게 맞는 사람을 찾아 눈알을 굴리지 않는 학생은 이 수업을 듣지 말아달라고 첫 강의 때 늘 얘기합니다만, 사람, 사회, 자연, 그리고 역사의 원활한 소통을 주요 테마로 삼는 강좌니 만큼 이 수업을 통해 자연스레 엮인 연인 한두 쌍쯤은 있을 만도 한데 유감스럽게도 아직 그런 소식이 없습니다. 그런 걸 보면 여전히 그 모든 것들의 자유로운 소통은 사람이 사는 마을로 가는 길이 험난한 것처럼 상상 속에서나 가능한 것인가 봅니다.

더숲 트리오의 공연에 맨 마지막 곡은 '노래로 보는 한국 사회'의 반가(班歌)인 〈철길〉입니다. 한 학기 동안 열심히 연습한 학생들과 함께 더숲 트리오가 화음을 맞추어 부릅니다.
"사람이 사는 마을에 도착하는 그날까지 그날까지 그날까지."

혼자 가는 길보다는 둘이서 함께 가리
앞서거나 뒤서지도 말고 이렇게
서로 그리워하는 만큼 닿을 수 없는
거리가 거리가 있는 우리

나란히 (언제까지나) 떠나가리 (그대와 함께)
늘 이름 부르며 살아가리
사람이 사는 마을에 도착하는
그날까지 그날까지 그날까지

혼자 가는 길보다는 둘이서 함께 가리

앞서거나 뒤서지도 말고 이렇게

나란히 (언제까지나) 떠나가리 (그대와 함께)
늘 이름 부르며 살아가리
사람이 사는 마을에 도착하는
그날까지 그날까지 그날까지

혼자 가는 길보다는 둘이서 함께 가리
다투거나 싸우지도 말고 이렇게

서로 그리워하는 만큼 바라볼 수 있는
사랑이 사랑이 있는 우리
사랑이 사랑이 있는 우리

— 〈철길〉, 안도현 시, 이지상 작곡

    이 노래를 부르면 가끔은 간이역이고 싶다가, 가끔은 세상을 질주하는 기관차이고도 싶다가, 아주 가끔은 철길이고도 싶다가 서로를 마주 보면서도 손닿지 못하는 아픔을 알 길 없어 그저 철길 위에 떨어지는 새똥 같은 존재임을 허전해하며 조심스레 음표를 그려나갔던 내 청년의 어느 밤이 아련히 떠오릅니다.

사랑이 깊어 집착할 필요도 없이 미움이 깊어 이별할 이유도 없이 그저 나란히 사람의 마을을 향해 서로의 이름만 부르며 떠나가는 철길 같은 삶. '노래로 보는 한국 사회'를 거쳐 간 많은 젊은 학생들에게 그리 젊지도 않은 그렇다고 아주 노회하지도 못한 담당 교수가 꼭 들려주고 싶은 최고의 말은 "사람이 사는 마을"입니다.